U0739514

数字化技术与高等教育融合发展研究

徐丽燕◎著

中国商务出版社
·北京·

图书在版编目（CIP）数据

数字化技术与高等教育融合发展研究 ∕ 徐丽燕著.
北京：中国商务出版社，2024.7. -- ISBN 978-7-5103-
5390-1

Ⅰ. G64-39

中国国家版本馆 CIP 数据核字第 2024QY8238 号

数字化技术与高等教育融合发展研究

徐丽燕◎著

出版发行：中国商务出版社有限公司

地　　址：北京市东城区安定门外大街东后巷 28 号　邮　　编：100710

网　　址：http://www.cctpress.com

联系电话：010—64515150（发行部）　　010—64212247（总编室）
　　　　　010—64515164（事业部）　　010—64248236（印制部）

责任编辑：徐文杰

排　　版：北京天逸合文化有限公司

印　　刷：星空印易（北京）文化有限公司

开　　本：710 毫米×1000 毫米　1/16

印　　张：9.75　　　　　　　　　　字　　数：165 千字

版　　次：2024 年 7 月第 1 版　　　　印　　次：2024 年 7 月第 1 次印刷

书　　号：ISBN 978-7-5103-5390-1

定　　价：79.00 元

前　言

在当今时代，数字化技术的迅猛发展正深刻改变着社会生活的方方面面，高等教育领域亦不例外。数字化技术与高等教育的融合发展，已经成为推动教育创新、提高教育质量的重要力量。这种融合不仅为高等教育带来了前所未有的机遇，也对其传统的教学模式和教育理念提出了全新的挑战。通过数字化技术的引入，高等教育实现教育资源的优化配置和共享，为学生提供更为丰富、多元的学习体验。同时，随着数字化技术的不断革新和完善，其与高等教育的融合将更加深入，为培养新时代的高素质人才提供强有力的支撑。数字化技术的广泛应用，使得高等教育的教学方式发生了翻天覆地的变化。传统的课堂讲授逐渐让位于线上线下相结合的教学模式，学生可以通过网络随时随地访问优质的教育资源，进行自主学习和个性化学习。数字化技术还为高等教育提供了更多创新的教学手段，如虚拟现实技术、智能教学系统等，这些技术让学生在模拟真实环境中学习，提高了学习的趣味性和实践性。此外，数字化技术还在高等教育的管理和服务方面发挥着重要作用。通过大数据分析和人工智能技术，高校可以更加精准地了解学生的学习需求和偏好，为学生提供更加个性化的学习指导和服务。数字化校园建设也极大地提高了高校的管理效率和服务水平，为师生提供了更加便捷、高效的学习和工作环境。

全书共分为七章，聚焦于数字化技术与高等教育的融合发展。书中不仅概述了数字化技术的定义、发展与高等教育现状，还深入探讨了数字化技术与高等教育的教学内容、方法、管理及评估的紧密结合。并从教学内容的创新整合到教学方法的在线化、个性化,再到教务与学生服务管理的数字化应用,全面展示了数字化技术在高等教育领域的广泛应用与深远影响。同时还详细阐述了数字化技术如何助力高等教育评估的革新,以及推动高等教育的整体创新。本文简洁而深刻地揭示了数字化技术与高等教育的紧密融合,为相关从业者与研究人员提供了宝贵参考。

作 者

2024. 5

目 录

第一章　数字化技术与高等教育概述　/ 001

　第一节　数字化技术的定义与发展　/ 001

　第二节　高等教育的现状与挑战　/ 008

　第三节　数字化技术对高等教育的影响　/ 015

第二章　数字化技术与高等教育的理论基础　/ 023

　第一节　数字化技术的核心概念　/ 023

　第二节　高等教育的基本理论　/ 030

　第三节　技术与教育的融合发展理论　/ 036

第三章　数字化技术与高等教育教学内容的融合　/ 044

　第一节　数字化教学内容的创新与整合　/ 044

　第二节　数字化教学资源的开发与利用　/ 055

　第三节　数字化技术对教学内容改革的影响　/ 062

第四章　数字化技术与高等教育教学方法的融合　/ 067

　第一节　在线教学与混合式教学模式　/ 067

　第二节　数字化技术在教学互动中的应用　/ 077

　第三节　个性化学习与智能化教学辅助　/ 081

第五章　数字化技术与高等教育管理的融合　／086

第一节　高等教育管理信息化的现状与挑战　／086

第二节　数字化技术在教务管理中的应用　／093

第三节　数字化技术在学生服务与管理中的创新　／100

第六章　数字化技术与高等教育评估的融合　／107

第一节　高等教育评估的现状与问题　／107

第二节　数字化技术在教育质量评估中的应用　／114

第三节　基于大数据的学习分析与评估　／121

第七章　数字化技术驱动下的高等教育创新　／127

第一节　创新教育理念与数字化技术的结合　／127

第二节　数字化技术在创新创业教育中的应用　／134

第三节　高等教育数字化创新的实践与挑战　／142

参考文献　／147

第一章　数字化技术与高等教育概述

第一节　数字化技术的定义与发展

一、数字化技术的基本概念

（一）数字化的内涵

1. 数字化的技术革新

数字化，从技术的视角来看，代表着一种根本性的转变——将模拟信号转化为数字信号，使信息的存储、传输和处理更加高效、准确。这一技术革新改变了人们获取、处理和应用信息的方式，更在无形中重塑了现代社会的运作模式。在数字化的浪潮下，传统的信息媒介如纸张、录音带等逐渐让位给了硬盘、闪存等数字存储设备，这不仅大大提高了信息存储的密度和可靠性，也使得信息的检索和分享变得前所未有的便捷。数字技术的快速发展，推动了各行各业的转型升级。在制造业，数字化技术通过精细的数据分析和模拟，优化了生产流程，提高了产品质量和生产效率。在服务业，数字化则带来了全新的客户体验，比如在线购物、电子支付、智能客服等，都极大地提升了服务的便捷性和个性化程度。而在医疗、教育等领域，数字化更是开启了全新的可能，如远程医疗、在线教育等，让优质资源得以更广泛的共享。

此外，数字化技术还推动了大数据、云计算、人工智能等新兴技术的快速发展。这些技术不仅进一步提升了信息处理的效率和精度，也为社会创新提供了新的动力。比如，大数据分析可以帮助企业更准确地洞察市场需求，优化产品设计和营销策略；云计算为各种规模的企业提供了弹性、可扩展的计算资源，降低了 IT 成本；人工智能在语音识别、图像识别、自然语言处理等领域展现出了强大的能力，为智能化生活和工作打开了新的大门。

2. 数字化的社会影响

数字化作为一种深刻的社会变革，正在重塑人们的社会结构和文化形态。它不仅改变了获取和交流信息的方式，更在无形中影响着人们的思维模式和生活习惯。在数字化的推动下，信息的传播速度和范围得到了极大的提升。如今，一则消息或一种观点可以在瞬间传遍全球，引发广泛的关注和讨论。这种信息的即时性和广泛性，不仅加强了人与人之间的沟通和理解，也在一定程度上推动了社会的民主化和透明化进程。同时，数字化也在深刻地改变着人们的生活方式。从购物、出行到娱乐、教育，数字化技术已经渗透到人们生活的方方面面。比如，在线购物平台让人们可以随时随地选购全球的商品；智能交通系统为人们提供了更加便捷和安全的出行方式；数字娱乐更是丰富了人们的精神生活，让人们可以在家中就能享受到各种文化产品。此外，数字化还在推动着社会的创新和发展。在数字化的推动下，新的业态和商业模式不断涌现，如共享经济、直播电商等，这些都为经济的增长和社会的进步注入了新的活力。同时，数字化也在推动着公共服务的升级和完善，提高社会服务的效率和质量，如电子政务、智慧医疗等。

（二）数字化技术的特点

1. 高效性与便捷性

在当今信息爆炸的时代，数字化技术以其高效性与便捷性，深刻地改变着人们的生产生活方式。高效性，作为数字化技术最为显著的特点之一，体现在其处理信息时的惊人速度和无与伦比的准确性上。数字化技术运用计算机的强大运算能力，能够在极短的时间内完成海量数据的处理和分析，大大提高了工作效率。无论是金融交易、数据分析，还是科学计算，数字化技术都能够在保证准确性的同时实现极速处理，从而为企业和个人节省大量时间成本。与此同时，在数字化技术的支持下，信息传输不再受地域和时间的限制，人们可以随时随地获取所需的信息资源。无论是远程办公、在线教育，还是线上购物，数字化技术都为人们提供了极大的便利。此外，数字化技术还简化了许多复杂的操作流程，使得普通用户也能够轻松上手，享受到技术带来的红利。而且，在制造业中，数字化技术实现了生产线的自动化和智能化，提高了生产效率；在服务业中，数字化技术优化了服务流程，提升了用户体验；在医疗领域，数字化技术助力精准医疗的实现，提高了医疗水平。可以说，数字化技术的高效性与便捷性已经成为推动社会进步的重要动力。

2. 精确性与可靠性

精确性，是数字化技术在数据处理和信息表达上的显著优势。数字化技术通过精确的数值计算和编码方式，能够实现对信息的精准描述和表达。在科研领域，数字化技术能够精确记录实验数据，为科学研究提供可靠的依据；在医疗领域，数字化技术能够精确分析医学图像，辅助医生进行精准诊断。这种精确性不仅提高了工作效率，也保证了信息的准确性和可靠性。同时，数字化技术通过一系列的技术手段和算法优化，确保数据的稳定性和安全性。在数据传输和存储方面，数字化技术采用先进的加密和校验机制，防止数据在传输过程中被篡改或丢失；在数据处理方面，数字化技术通过算法优化和容错机制，确保数据的准确性和完整性。这种可靠性使得数字化技术在各个领域得到了广泛的应用和用户的信任。而无论是面对海量的数据处理任务，还是应对复杂多变的应用场景，数字化技术都能够凭借其精确性和可靠性，提供稳定可靠的解决方案。这种特点使得数字化技术在许多关键领域得到了广泛应用，如金融、交通、能源等。此外，随着技术的不断进步和创新，数字化技术的精确性和可靠性也在不断提升。新的算法和技术的出现，使得数字化技术在数据处理和信息表达上更加精确和可靠。未来，人们可以期待数字化技术在更多领域发挥更大的作用，为人类社会的发展提供更加强有力的支持。

（三）数字化技术与信息化、自动化的关系

1. 数字化技术与信息化的相辅相成

数字化技术是信息化的基石，它通过将模拟信息转换为数字信息，为信息化提供了可处理、可传输、可存储的数据基础。没有数字化技术的支持，信息化进程将难以推进。信息化则是数字化技术应用的高级阶段，它强调对数字信息的深度利用和整合，以实现更高效的信息管理和决策支持。在信息化进程中，数字化技术发挥着举足轻重的作用。它使得各种类型的信息能够被精确地表示、存储和传输，从而大大提高了信息的可用性和可靠性。同时，数字化技术还推动了信息系统的建设和优化，使得企业、政府等组织能够更高效地进行信息采集、处理和应用。例如，在企业管理中，数字化技术帮助企业建立了完善的信息系统，实现了生产、销售、财务等各环节的数据整合和共享，提高了企业的运营效率和决策水平。随着信息化需求的不断提升，数字化技术也在不断创新和优化，以满足更复杂、更高效的信息处理需求。这种相互促进的关系使得数字化技术和信息化在各自的领域都取得了显著的进步。

2. 数字化技术与自动化的融合发展

数字化技术为自动化提供了强大的数据支持和精确的控制手段，使得自动化系统的性能得到了极大的提升。同时，自动化技术也推动了数字化技术的应用和拓展，为数字化技术的发展注入了新的活力。在工业自动化领域，数字化技术为自动化生产线提供了精确的数据采集、传输和处理能力。通过数字化技术，自动化系统能够实时监控生产过程中的各种参数，及时调整生产策略，确保生产的高效和稳定。此外，数字化技术还为自动化系统提供了强大的数据分析能力，帮助企业更好地优化生产流程、提高产品质量和降低生产成本。同时，自动化技术也推动了数字化技术的应用和拓展。随着自动化技术的不断发展，数字化技术的应用场景也在不断扩大。自动化技术为数字化技术提供了更多的应用机会和挑战，推动了数字化技术的不断创新和发展。

二、数字化技术的发展历程

(一) 早期数字化技术的起源

1. 数字化技术的初步探索与诞生

数字化技术的起源可以追溯到 20 世纪中期,那时计算机科技刚刚开始崭露头角。最初的数字化技术主要体现在计算机的出现和应用上,这是人类历史上的一次重大技术革新。计算机的诞生标志着人类开始尝试利用机器来进行复杂的数据处理和存储,从而开启了数字化时代的大门。在计算机诞生之前,人们使用的是传统的机械计算方式,这种方式在处理大量数据时效率低下且容易出错。而计算机的出现,使得数据处理的速度和准确性得到了质的飞跃。早期的计算机,如 ENIAC(埃尼阿克,世界上第一台通用计算机)等,虽然体积庞大且操作复杂,但它们已经能够执行基本的算术运算和逻辑运算,为后来的数字化技术发展奠定了基础。随着计算机技术的不断进步,人们开始探索如何将各种类型的信息,如图像、声音等,转化为计算机能够处理的数字格式。这一过程中,数字化技术起到了关键作用。数字化技术能够将模拟信号转换为数字信号,使得这些信息能够被计算机精确地处理和分析。这一技术的出现,极大地拓展了计算机的应用领域,也为后来的信息技术革命打下了坚实的基础。此外,早期数字化技术的探索还体现在各种电子元器件的发明和应用上。例如,晶体管的发明使得电子设备变得更加小巧和高效,为计算机的微型化和便携化提供了发展可能。集成电路的发明更是推动了数字化技术的飞速发展,它使得大量的电子元器件能够集成在一块小小的芯片上,从而大大提高了电子设备的性能和可靠性。

2. 早期数字化技术的关键发展与突破

1941 年电子计算机的发明,这一重要创举标志着数字化技术的诞生,更预示着信息技术新时代的来临。这台计算机虽然体积庞大且操作烦琐,却以其强大的计算能力为后来的技术发展奠定了基础。紧接着,在 20 世纪 50 年代,晶体管的发明为数字化技术带来了革命性的进步。相较于真空管,晶体管具有体积小、功耗低、寿命长等诸多优点，它的应用使得电子设备更加便携和高效。晶体管的广泛应用，极大地推动了数字化技术的发展。随后，集成电路的发明更是将数字化技术推向了一个新的高度。1958 年，集成电路首次亮相，它让多个电子元器件得以集成在一块微小的芯片上，这不仅提高了电子设备的性能，还降低了生产成本，使得数字化技术得以更广泛地应用于各个领域。除了硬件方面的突破，早期数字化技术在软件和应用方面也取得了显著的进步。例如，编程语言的诞生和发展，使得人们能够更加方便地编写和执行复杂的计算机程序，从而进一步拓展了数字化技术的应用领域。同时，随着数据库管理系统的出现和发展，人们开始能够有效地存储、检索和管理大量的数据，为后来的大数据分析和应用奠定了基础。

（二）数字化技术的快速发展阶段

1. 技术革新与突破

随着计算机科学的深入研究和信息技术的广泛应用，数字化技术迎来了前所未有的发展机遇。在这一阶段，新技术的不断涌现和突破，为数字化技术的发展注入了强大的活力。一方面，云计算、大数据、人工智能等前沿技术的崛起，为数字化技术提供了更广阔的应用场景和更深度的融合可能。云计算技术通过构建弹性可扩展的计算资源池，为各种应用提供了高效稳定的运行环境；大数据技术通过对海量数据的挖掘和分析，揭示了数据背后的价值和规律；人工智能技术通过模拟人类的思维和行为，实现了对复杂问题的智能化处理。这些技术的融合应用，使得数字化技术在各个领域都能够发挥出巨大的作用。另一方面，数字化技术的快速发展也离不开硬件设备的不断升级和优化。随着芯片技术的不断进步和制造工艺的日益完善，计算机的性能得到了显著提升，为数字化技术的应用提供了更强大的硬件支持。同时，网络通信技术的快速发展也为数字化技术的普及和应用提供了便利。高速稳定的网络环境使得数据的传输和处理更加高效，为远程办公、在线教育等新型应用提供了可能。在数字化技术的引领下，传统产业得到了升级改造，新兴产业也如雨后春笋般涌现。数字化技术的应用不仅提高了生产效率和质量，也改善了人们的生活方式和质量。可以说，技术革新与突破是数字化技术快速发展阶段的重要特征，也是推动社会进步的重要力量。

2. 跨界融合与创新应用

随着技术的不断进步和应用领域的不断拓展，数字化技术正逐渐渗透到各个行业和领域，实现与其他技术的深度融合和协同创新。一方面，数字化技术正在与传统产业进行深度融合，推动产业的转型升级。无论是制造业的智能化生产，还是服务业的个性化定制，数字化技术都在发挥着重要的作用。通过应用数字化技术，企业可以实现对生产流程的精准控制，提高生产效率和产品质量。同时，数字化技术也可以帮助企业更好地了解用户需求，提供个性化的服务体验。这种跨界融合不仅提升了传统产业的竞争力，也为其注入了新的活力。另一方面，数字化技术也在创新应用方面取得了显著成果。在医疗领域，数字化技术正助力精准医疗的实现，通过大数据分析和人工智能算法，为医生提供更准确的诊断依据和治疗方案；在教育领域，数字化技术推动了在线教育的普及和发展，使得优质教育资源得以更广泛地共享；在交通领域，数字化技术则助力智能交通系统的建设，提高了交通运行的效率和安全性。这些创新应用不仅拓展了数字化技术的应用范围，也为其带来了更广阔的市场前景。跨界融合与创新应用不仅推动了数字化技术的快速发展，也促进了整个社会的创新和进步。通过数字化技术的引领和推动，各行各业都在不断探索新的发展模式和应用场景，为社会的繁荣和发展注入了新的动力。同时，数字化技术也在不断提高人们的生活质量和幸福感，让人们的生活变得更加便捷和美好。

（三）当代数字化技术的新趋势

1. 智能化与自动化的深度融合

随着人工智能、机器学习等技术的迅猛发展，智能化已不再是遥不可及的梦想，而是正在逐步成为现实。在这一趋势下，数字化技术正以前所未有的速度渗透到各个行业和领域，推动着生产方式的深刻变革。智能化与自动化的深度融合，使得机器能够像人一样进行感知、思考和学习，从而实现了对复杂任务的自动化处理。在制造业中，智能机器人已经能够替代人类完成生产线上的重复性工作，不仅提高了生产效率，还降低了人工成本。在服务业中，智能化技术的应用也使得服务过程更加便捷、高效，提升了用户体验。此外，在医疗、教育、交通等领域，智能化与自动化的融合也正在为人们的生活带来革命性的变化。这种深度融合不仅提高了生产效率和质量，还使得生产过程更加灵活和可控。通过智能化技术，企业可以实现对生产流程的实时监控和调度，根据市场需求及时调整生产计划和资源配置。这种灵活性使得企业能够更好地应对市场变化，提高竞争力。同时，智能化技术还可以帮助企业优化产品设计和制造工艺，提高产品质量和附加值，进一步提升企业的盈利能力。

2. 数字化与个性化需求的共融共生

随着大数据、云计算等技术的广泛应用，数字化技术正以前所未有的方式满足着人们日益增长的个性化需求。无论是购物、娱乐还是教育，人们都可以根据自己的喜好和需求进行选择。数字化技术通过对大数据的挖掘和分析，能够精准地了解用户的需求和偏好，从而为用户提供个性化的服务和体验。这种个性化的服务不仅提高了用户的满意度和忠诚度，也为企业带来了更大的商业价值。同时，随着技术的不断进步和应用场景的不断扩大，人们的个性化需求也在不断地发生变化。数字化技术能够迅速响应这些变化，为用户提供更加丰富、更加多样的选择。这种共融共生的关系使得数字化技术与个性化需求相互促进、共同发展。

第二节　高等教育的现状与挑战

一、高等教育的基本现状

（一）基本结构

1. 我国高等教育的多维结构与层次发展

我国的高等教育结构从多个维度展现出丰富性和多样性。从形式上来看，高等教育被划分为普通全日制教育与成人教育两大体系，这种划分不仅满足了传统学龄青年的学术追求，也为成年人提供了终身学习的机会。普通全日制高等教育通过大学、独立学院等多种机构，为青年学子提供了系统的学术训练和专业技能培养的机会，而成人高等教育则通过广播电视大学、职工大学等形式，为在职人员或其他成年人提供了灵活的学习路径。从层次上来看，我国的高等教育也呈现出鲜明的结构特点。研究生教育、本科生教育和专科教育三个层次的划分，不仅体现了高等教育的深度和广度，也反映了国家对不同层次人才需求的精准把握。特别是近年来，随着我国高等教育逐渐走向大众化，各层次的学生人数均实现了大幅增长，这不仅彰显了国家教育事业的蓬勃发展，也标志着我国人才培养体系的日益完善。在这一结构中，人们还看到了层次结构的多样化和复杂化趋势。准学位的出现，如双专科、双学士等，为学子提供了更多元化的学习选择和发展路径。此外，学历教育之外的非学历教育，以及学位教育之后的学位后教育，如博士后制度，都极大地满足了人们对于高等教育多样性的需求。这种灵活多样的教育结构，不仅促进了人才的培养和流动，也为社会的进步和发展注入了源源不断的活力。

2. 我国高等教育的能级分类与人才培养

在探讨我国高等教育的结构时，人们不能忽视其能级分类。这种分类不仅体现了高等教育的教学和研究水平，也反映了其人才培养的目标和定位。以"211工程"大学为主体的研究教学型大学，作为我国高等教育的领头羊，肩负着培养尖端创新人才的重任。这些大学凭借雄厚的学术实力和科研资源，为国家培养了大批引领科技潮流的领军人物。而教学研究型大学则以省部级重点大学为主体，它们在培养基础扎实、具有一定创新能力的专门人才方面发挥着重要作用。这类大学注重理论与实践的结合，致力于为学生提供既宽广又深入的专业知识训练。此外，教学型大学或学院作为一般普通高等院校，主要承担着培养本科层次专门人才的任务。它们以应用为导向，注重学生的实践能力和职业技能的培养，为社会输送了大批实用型人才。而高职高专院校则更加侧重于培养专科层次的高等技术应用型专门人才。它们紧密围绕行业需求，为学生提供有针对性的职业技能训练，确保学生毕业后能够迅速适应生产、建设、管理、服务第一线的工作需求。这种能级分类不仅使得我国的高等教育体系更加完善和细致，也为不同类型的人才提供了精准的培养路径。从尖端科研人才到一线技术应用人才，我国的高等教育正在为社会的全面进步提供强有力的人才支撑。我国高等教育的能级分类与人才培养目标如表1-1所示。

表1-1　我国高等教育的能级分类与人才培养目标

能级分类	人才培养目标
研究教学型大学（"211工程"大学等）	尖端创新人才
教学研究型大学（省部级重点大学等）	具有创新能力的专门人才
教学型大学/学院（一般普通高等教育）	本科层次专门人才
高职高专院校	专科层次技术应用型人才

以上展示了我国高等教育的能级分类与对应的人才培养目标。从研究教学型大学到高职高专院校，不同类型的高等教育机构承担着不同层次和类型的人才培养任务，共同构成了我国多层次、多样化的人才培养体系。

（二）质量状况

1. 高等教育的结构、层次不合理

我国的高等教育在结构和层次上存在不合理之处，这种不合理既体现在学历层次的分布上，也表现在专业和学科的配置上。从学历层次的角度来看，我国高端人才供给存在显著的缺口。博士后和博士研究生的数量远不能满足社会经济发展的需求，这种高端人才的匮乏在一定程度上制约了我国科技创新和高端产业的发展。同时，高级技术工人的短缺问题也同样严峻，特别是在深圳、上海等经济发达城市，某些行业对高级技工的需求甚至使其薪酬水平达到了与硕士、博士相当的地步，这反映出我国在技术技能型人才培养上的不足。从专业和学科的设置来看，高等教育并未能充分反映社会和经济的实际需求。许多高等教育过于依赖和坚持自身的传统优势学科，而缺乏对市场和社会变化的敏锐洞察。这种僵化的教育模式导致毕业生的专业技能与社

会需求之间存在较大的鸿沟。以我国快速发展的第三产业为例,该产业已成为吸纳就业和创造产值的重要力量,占据了社会就业的70%以上,并创造了近50%的GDP。然而,令人遗憾的是,高等教育在这一领域的专业设置上却显得滞后,多种新兴业态并未能在高等教育中找到相应的专业对接。这种教育的滞后性不仅限制了第三产业的进一步发展,也影响了整个行业的品质提升和竞争力。

2. 教育模式僵化,教育内容陈旧

尽管我国高等教育历经百余年的发展,但在培养人才的模式上却鲜有显著的变革。传统的"教师讲,学生听"的教学模式依然占据主导地位,教师在这一过程中往往扮演着思想、真理、知识的传播者角色,而学生则处于被动接受的状态。在这种模式下,教师常常将他认为学生应该掌握的知识强加给学生,而学生则缺乏选择的余地。这种单向的、缺乏互动的教学方式严重影响了学生的学习积极性,更为严重的是,它限制了学生个性的发展和创造性的发挥。在这种环境下,培养出具有独立思考能力、创新能力的人才变得异常困难。与此同时,教育内容的陈旧问题也日益凸显。在这种僵化的培养模式下,教育内容的更新变得缓慢而艰难。许多专业所使用的教材多年未变,甚至有的专业还在使用几十年前的教材。这不仅使得学生难以接触到前沿的学科知识,也阻碍了科学研究的最新成果及时融入到教学内容中。对此,我们必须对高等教育模式进行深刻的反思和改革,需要打破传统的"填鸭式"教学方式,引入更多的互动和实践环节,激发学生的学习兴趣和创造力。同时,也需要及时更新教育内容,将最新的科学研究成果和行业动态引入教学中,使学生能够接触到最前沿的知识和技术。

3. 学生实践能力差、创新能力差

在高等教育体系中,培养学生的自由思想和创新精神是至关重要的。而在我国的高等教育实践中,这两方面恰恰是较为缺失的,这直接导致了学生的实践能力和创新能力不足。在当今竞争激烈的社会环境中,创新能力已成为竞争力的核心要素,无论是对于国家、企业还是个人来说都至关重要。近年来,我国高等教育规模迅速扩大,但相应的教学基本建设和教育教学改革

却未能及时跟上这一步伐。这导致了一系列问题的出现，如生师比居高不下、生均图书量减少、生均教学设备值下降，以及不少教授、副教授未能承担本科生教学任务等。这些问题在一定程度上影响了高等教育的教学质量，使得人民群众对高质量高等教育的需求日益迫切。对此，各高等学校开始逐渐加大对教学基本建设的投入力度，并不断推进和深化教育教学改革。同时，教育部也实施了"高等学校教学质量和教学改革工程"，以进一步提高教学质量。各高等学校针对不同类型、不同层次、不同规格的人才培养任务，根据社会的不同需求和服务面向，积极实施"质量工程"，以应对大众化形势下的新挑战。在提高教学质量的过程中，特别需要注重学生实践能力和创新能力的培养。实践能力是学生将理论知识应用于实际的重要能力，而创新能力则是推动社会进步和发展的关键。为了提升学生的这两种能力，高等学校需要加强与企业和社会的联系，为学生提供更多的实践机会和创新平台。同时，还需要改革教学方法和评价机制，鼓励学生积极参与实践活动和创新项目，培养学生的独立思考和解决问题的能力。

二、高等教育面临的挑战

（一）教育资源分配不均与不足

1. 教师资源分配不均与不足

在高等教育日益普及的今天，学生数量的激增对高等教育教师资源提出了更高的要求。而现实中很多高等教育的教师数量并未能随着学生数量的增加而相应增长，这种不均衡的教师资源分配，已经对教学质量构成了潜在的影响。教师资源的紧缺，不仅加重了在职教师的工作负担，也可能导致课程安排上的捉襟见肘。当一位教师需要承担超出其负荷的教学任务时，备课的深度和广度、批改作业的细致度、与学生互动的频率等都可能受到影响。长此以往，这不仅会损害教师的教学热情，也会影响学生的学习体验和效果。更为严重的是，在繁重的教学任务压力下，教师可能难以抽出足够的时间和精力投入科研工作中，这无疑会制约高等教育科研水平的提升和学术创新的步伐。此外，教师资源的分配不均还可能加剧地区、校际间的高等教育差距。一些地区的高等教育由于种种原因，难以吸引到足够的优秀教师，这会导致其在教学质量、学术声誉等方面与优势地区的高等教育之间的差距进一步拉大。因此，解决教师资源分配不均与不足的问题，已经成为当前高等教育发展中亟待解决的重要课题。这需要高等教育以及社会各界共同努力，通过提高教师待遇、优化招聘机制、加强师资培训等措施，逐步改善教师资源的配置状况，以确保高等教育的持续健康发展。

2. 教学设施资源分配不均与不足

随着高等教育的普及，学生数量的增加对高等教育的教学设施提出了更高的要求。而目前一些高等教育的实验室、图书馆等教学设施并不完善，这不仅限制了学生的学习过程，也影响了教师的教学效果。实验室设施的不足，使得学生在进行科学实验和技能训练时面临诸多困难。一些需要实验操作的课程可能因此变得纸上谈兵，学生无法通过亲身实践来深化对理论知识的理解。这不仅削弱了学生的学习兴趣，也制约了其动手能力和创新思维的培养。同样，图书馆作为高等教育的知识宝库，是学生获取课外知识、进行学术研究的重要场所。但图书资料不足、更新缓慢等问题，使得学生在查找资料、撰写论文时遭遇诸多不便，严重影响了其学习效率和学术研究的深入。而且，在激烈的招生竞争中，教学设施的好坏往往成为学生和家长选择高等院校的重要考量因素。因此，改善教学设施，提高教学质量，对于高等教育的长远发展具有至关重要的意义。

（二）教育内容与市场需求脱节

1. 高等教育课程设置与社会经济变革的不匹配

在当今快速变化的社会和经济环境中，高等教育内容与市场需求之间的脱节问题日益凸显。这种脱节不仅影响了学生的就业前景和职业发展，也制约了社会经济的持续健康发展。高等院校作为培养未来社会栋梁的重要基地，其课程设置理应与社会经济变革保持同步，以满足市场对人才的需求。而现实情况却并非如此。部分高等院校在课程设置上过于保守和僵化，缺乏对市场需求的敏锐洞察和灵活应对。一些专业所使用的教材长时间未更新，无法反映科学研究的最新成果和行业发展的最新动态。这导致学生所学知识与实际应用之间存在较大的差距，难以适应市场的快速变化。同时，一些高等院校过于注重理论知识的传授，忽视了对学生实践能力和创新精神的培养。这使得学生在毕业后缺乏实际工作经验和解决问题的能力，难以满足企业的需求。对此，高等教育需要加强对市场需求的研究和预测，根据社会和经济的发展趋势来调整和优化课程设置。一方面，高等教育可以加强与企业和行业的合作，了解市场的最新需求和趋势，以便及时调整教学内容和教学方法。另一方面，高等教育可以积极引进先进的教学资源和技术手段，提高教学效果和质量。此外，高等教育还可以鼓励和支持学生参加实践活动和创新项目，培养学生的实践能力和创新精神。

2. 教材老旧与科学研究新成果的缺失

教材作为教学活动的重要依据和载体，其质量和内容直接影响着学生的学习效果和未来的职业发展。而目前一些高等教育的教材长时间未得到更新，无法跟上科学研究的最新进展和社会经济的变化。这种教材老旧的现象，不仅使学生无法接触到前沿的知识和技术，也限制了学生对新领域和新问题的探索和思考。同时，由于缺乏最新的研究成果和案例，教材中的内容往往显得陈旧和过时，难以引起学生的兴趣和共鸣。这种情况下，学生的学习动力和学习效果都会受到一定程度的影响。对此，高等教育应该建立教材更新的机制，定期评估现有教材的质量和适应性，并根据市场需求和学科发展趋势进行更新和修订。而且，高等教育可以积极引进国内外优秀的教材和教学资源，为学生提供更广阔的学习视野和更丰富的学习内容。此外，高等教育还可以鼓励和支持教师参与教材编写和修订工作，发挥学生的专业优势和创新精神，推动教材建设的不断进步。此外，高等教育作为科学研究的重要基地，应该积极引进和推广最新的研究成果，将其融入教学内容中，使学生能够接触到最新的知识和技术。同时，高等教育也应该加强与企业和行业的合作，共同开展科学研究和技术创新，推动产学研的深度融合。

第三节　数字化技术对高等教育的影响

一、数字化技术与高等教育之间的内在联系

（一）教育资源的优化与共享

1. 数字化技术促进教育资源的优化

传统的教育资源，如纸质教材、实体图书馆藏书等，受限于物理形态和存储空间，其传播和使用都受到较大的限制。而数字化技术的出现改变了这一状况，它能够将丰富的教育资源转化为数字格式，从而极大地优化了资源的存储、传播和使用方式。数字化技术使得教育资源的存储更加高效和便捷。通过将教育资源数字化，可以将这些资源存储在计算机或云端，不仅节省了物理空间，还方便了资源的随时访问和检索。此外，数字化资源还具有很好的可复制性和可扩展性，这意味着一份资源可以同时被多人使用，而不会像实体资源那样因为被占用而无法共享。而且，在传统的教育资源中，一旦教材或资料出版，就很难进行及时的更新和修正。但在数字化环境中，教育资源的更新变得非常简单和迅速。教育者可以根据学科发展的最新动态和学生的实际需求，随时对数字资源进行修订和补充，确保教育内容的时效性和准确性。更重要的是，在传统教育模式下，学生往往只能接受统一的教学内容和进度安排。但在数字化环境下，教育者可以根据学生的个体差异和学习需求，为学生量身定制合适的教学资源和路径。这种个性化的教学方式有助于激发学生的学习兴趣和潜能，提高学生的学习效果和满意度。

2. 数字化技术实现教育资源的广泛共享

数字化技术的出现优化了教育资源的存在形态和使用方式，更重要的是，它打破了地域和时间的限制，使得优质教育资源能够为更多的学生所接触和学习。这种广泛的资源共享，正在深刻地改变着高等教育的教育生态。通过数字化平台，学生们可以随时随地访问到最新的学术资料、在线课程和教育

资源。这意味着，无论学生身处何地，只要有互联网，学生就能够接触到世界顶尖大学的开放课程、知名学者的研究报告以及各种专业的学习工具和软件。这种资源的无障碍获取，极大地拓宽了学生的学习视野和知识面。同时，在传统的教育模式下，教育资源的共享往往受到诸多限制，如版权问题、传播渠道等。但在数字化环境下，通过合理的版权管理和技术手段，人们可以实现教育资源的快速传播和广泛共享。这不仅提高了教育资源的利用率，还促进了不同地区、不同学校之间的教育交流和合作。此外，数字化技术还为教育资源的共享带来了更多的可能性。例如，通过云计算和大数据技术，可以对海量的教育资源进行深度挖掘和智能推荐，为学生提供更加精准和个性化的学习资源。同时，借助社交媒体和在线协作工具，学生们还可以在全球范围内进行学术交流和合作，共同推动知识的创新和发展。

（二）个性化教育的实现

1. 数字化技术助力教师制定个性化教学方案

数字化技术的迅猛发展，为高等教育领域带来了前所未有的变革，其中最引人注目的便是个性化教育的实现。教师通过深入分析学生的学习数据和偏好，能够为每个学生量身打造独特的教学方案，从而最大限度地激发学生的学习兴趣和潜能。在传统的教学模式中，教师往往难以全面了解每个学生的学习状况和需求，因此教学方案往往具有"一刀切"的特点。而数字化技术的引入，使得教师可以通过学习管理系统等工具，实时跟踪学生的学习进度、成绩变化以及学习行为等数据。这些数据反映了学生的学习效果，更揭示了学生的学习风格和兴趣所在。基于这些数据，教师可以为每个学生制定个性化的教学方案。例如，对于理论学习较强的学生，教师可以提供更多的深入阅读和思考任务；对于实践能力突出的学生，教师可以设计更多的实验和项目，以发挥其动手能力。这种个性化的教学方式能够提升学生的学习效果，有助于培养学生的创新思维和解决问题的能力。此外，数字化技术还使得教师可以在线进行一对一的辅导和咨询，及时解决学生在学习过程中遇到的问题。同时，教师也可以根据学生的反馈，不断调整和优化教学方案，以更好地满足学生的个性化需求。

2. 智能推荐系统满足学生个性化学习需求

在数字化技术日新月异的今天，智能推荐系统已经成为高等教育个性化教育的重要推手。这套系统通过深度分析学生的学习进度、兴趣和成绩等关键数据，能够精准地为学生推荐相关学习资源，从而极大地满足了学生的个性化学习需求。智能推荐系统的核心在于其强大的数据分析和处理能力。系统能够实时收集学生的学习数据，包括学习时长、作业完成率、题目正确率等，进而利用算法分析出学生的学习兴趣和偏好。基于这些分析结果，系统可以为学生推荐与其学习特点和需求相匹配的学习资源，如相关领域的书籍、在线课程、研究报告等。而且，学生不再被动地接受统一的教学内容，而是能够根据自己的兴趣和需求，主动选择适合自己的学习资源。同时，智能推荐系统还具备持续优化和学习的能力。系统可以根据学生的反馈和学习成果，不断调整和优化推荐算法，以提供和推荐更加精准和个性化的学习资源。

（三）管理与评估的便捷性

1. 数字化技术提升高等教育管理效率

数字化平台为学校提供了一种全新的管理手段，通过这一平台，学校能够轻松地管理学生的学籍信息、成绩记录等核心数据。这些数据以往需要人工录入、整理和查询，不仅工作量大，而且容易出错。如今，借助数字化系统，信息的录入变得简单快捷，数据的整理和分析也实现了自动化，大大提高了管理效率。更为重要的是，数字化技术还允许学校实时跟踪学生的学习进度和课堂表现。这意味着，一旦学生在学习过程中出现问题，如成绩下滑或学习动力不足，学校可以迅速识别并介入，为学生提供必要的辅导和支持。这种即时的反馈机制不仅有助于提升学生的学习效果，也能预防学生因学习困难而产生的挫败感。此外，数字化管理还带来了透明度的提升。学生和家长可以通过系统随时查看学生的学习情况和成绩，这增强了学校与学生家庭之间的沟通，也让教育过程变得更加开放和可监督。同时，对于学校而言，数字化管理也优化了资源配置，比如教室的使用、教师的课程安排等，都可以通过系统实现更加合理的调度，从而提高了教育资源的利用效率。

2. 数字化评估助力高等教育质量监控

传统的评估方法往往依赖于纸质材料和人工统计，这种方式不仅效率低下，而且难以避免主观错误和误差。数字化评估系统的引入，彻底改变了这一现状。通过数字化评估系统，可以轻松地收集、整理和分析学生的学习数据，包括作业完成情况、课堂参与度、在线测试成绩等。这些数据为教帅提供了丰富的信息，有助于教师更全面地了解学生的学习状况，从而作出更准确的评估。同时，系统还可以自动生成各种分析报告，帮助教师及时发现教学中的问题，调整教学策略，提升教学效果。除了对学生的学习情况进行评估外，数字化技术还可以用于评价教师的教学效果。学生可以通过系统对教师的教学态度、教学方法和教学质量进行反馈，这些数据将成为教师改进教学的重要依据。同时，学校管理层也可以通过系统对教师的教学质量进行监控和评估，以确保教学质量符合学校的标准。

（四）终身学习的支持

1. 终身学习的重要性

在当今这个日新月异、知识爆炸的时代，无论是为了职业发展，还是为了个人的兴趣与成长，持续学习都已成为一种不可或缺的生活方式。终身学习不仅仅是对新知识、新技能的追求，更是一种生活态度和精神追求。它意味着不断学习、不断思考、不断创新、不断适应这个瞬息万变的世界。通过终身学习，人们可以不断提升自己的认知能力、解决问题的能力以及适应变化的能力。这种能力有助于个人在职场上的成功，更有助于提升生活质量，实现个人价值。而数字化技术的兴起，为终身学习提供了前所未有的便利和支持。传统的学习方式往往受到时间、地点、资源等多种因素的限制，而数字化平台则打破了这些限制，让学习变得更加灵活、高效。通过数字化平台，人们可以随时随地获取到海量的学习资源，包括在线课程、电子书籍、学术论文等，这些资源不仅内容丰富、形式多样，而且更新迅速，能够紧跟时代的步伐。此外，在线学习平台可以根据个人的学习需求和兴趣，智能推荐相关的学习内容和学习路径，让学习更加符合个人的实际情况。同时，数字化平台还提供了丰富的学习工具和交流平台，使得学生可以与他人进行互动、分享经验、交流心得，从而进一步提升学习效果。因此，可以说数字化技术是终身学习的重要推动力和支撑力量。它让学习变得更加便捷、高效、有趣，也让终身学习成为一种可能。随着数字化技术的不断发展和完善，相信终身学习将在未来发挥更加重要的作用，成为每个人成长和进步的必由之路。

2. 数字化平台在终身学习中的应用与优势

数字化平台在终身学习中的应用日益广泛，为个体提供了更加多元、灵活的学习路径和方式。这些平台通过集成各类学习资源，打破了传统学习的时空界限，使得学习不再局限于课堂或图书馆，而是可以随时随地进行。无论是公交车上、咖啡店里，还是家中舒适的沙发上，只要有网络，就能轻松开启学习之旅。在数字化平台上，学生可以根据自己的兴趣和需求，选择适合自己的课程和学习内容。这些平台不仅提供了丰富的学科知识和专业技能课程，还涵盖了人文艺术、健康生活等多个领域，满足了人们多样化的学习需求。同时，数字化平台还具备智能推荐功能，能够根据学生的学习历史和偏好，推荐相关的学习资源，进一步提升学习效率和效果。除了学习资源的丰富性，数字化平台还为学生提供了个性化的学习体验。每个学生都可以根据自己的学习进度和能力，调整学习速度和难度，确保学习过程中的舒适度和成就感。此外，平台还提供了多种互动方式，如在线讨论、作业提交、学习打卡等，使得学习不再孤单，而是可以与志同道合的人一起交流、分享、进步。在终身学习的道路上，数字化平台不仅提供了便捷的学习途径和丰富的学习资源，还通过个性化的学习体验和互动式的学习方式，激发了学生的学习热情和动力。它们让学习变得更加有趣、高效和可持续，使得终身学习成为可能和享受。

二、数字化技术对高等教育产生的影响

(一)教学方式的变革

1. 数字化技术下的高等教育新模式

传统的面对面授课模式,长久以来一直是高等教育的主要形式,然而,在数字化浪潮的冲击下,这一模式正逐渐与在线教学相结合,形成了全新的混合式教学模式。这一革新丰富了教学手段,更为学生提供了更加灵活和个性化的学习路径。混合式教学模式的兴起,是数字化技术与教育深度融合的产物。它打破了时间和空间的限制,使学生可以在任何时间、任何地点进行学习。在线教学平台的广泛应用,使得学生可以随时随地访问课程资源,进行自主学习。同时,线上线下的互动也更为便捷,学生可以通过在线讨论、实时问答等方式与教师和同学进行交流,及时解决学习中遇到的问题。这种教学模式不仅提高了学习的效率,也增强了学习的自主性。更为值得一提的是,数字化技术还为高等教育带来了互动式学习的新体验。VR(虚拟现实)和 AR(增强现实)等前沿技术的应用,使得学习不再局限于文字和图片的呈现,而是可以通过更加生动、立体的方式展现出来。学生可以在虚拟环境中进行实践操作,模拟真实场景下的学习和工作情境,从而获得更为深刻的学习体验。这种互动式学习方式不仅激发了学生的学习兴趣,也提高了学生的实践能力和解决问题的能力。数字化技术为高等教育带来的教学方式革新,不仅丰富了教学手段和形式,也提高了教学的质量和效率。它使得学习更加灵活、个性化,也使得学习体验更加生动、有趣。

2. 数字化技术支持下的互动式学习体验

传统的单向教学模式逐渐被互动式学习所替代,而这一过程得以实现,得益于 VR 和 AR 等尖端技术的广泛应用。这些技术的融入,不仅丰富了教学手段,更为学生带来了更为沉浸式和有趣的学习体验。虚拟现实技术能够构建一个完全虚拟的三维环境,学生可以在这个环境中进行自由探索和实践操作。无论是历史事件的模拟重现,还是复杂科学实验的虚拟操作,VR 技术都

能为学生提供一个身临其境的学习场景。在这样的环境中，学生不仅可以更加直观地理解知识，还能通过亲身实践来加深对知识的理解和掌握。这种学习方式极大地激发了学生的学习兴趣和主动性，使学习变得更加有趣和高效。AR技术则能够在真实世界中叠加虚拟信息，为学生提供一种虚实结合的学习体验。通过AR技术，学生可以在现实生活中看到虚拟的标注、解释和演示，从而更好地理解和掌握知识。通过AR技术的辅助，学生可以更加清晰地看到操作过程，理解结构原理，提高学习效果。而且，数字化技术支持下的互动式学习体验，不仅改变了学生的学习方式，也提高了教师的教学质量。教师可以利用这些技术设计更加生动、有趣的教学内容和活动，吸引学生的注意力，激发学生的学习热情。同时，这些技术也为教师和学生提供了更多的互动和交流机会，使得教学过程更加灵活和高效。

（二）学习环境的拓展和创新

1. 数字化技术如何拓展学习环境

数字化技术为学习环境的拓展和创新提供了强大的工具和资源。通过在线平台和数字设备，学习不再受限于传统的课堂，而是可以随时随地进行。这种自由度和灵活性是数字化技术的一个显著优势，因为它适应了现代人繁忙的生活方式，允许学生按照自己的节奏和时间安排来学习。学生们可以在家中、在工作间隙中、在旅行中或在任何学生方便的时间和地点访问学习资源。这种个性化的学习体验不仅提高了学生的积极性，也有助于学生更好地管理自己的学习进度。传统的教育方式通常依赖于有限的教材和课堂教学，而数字化技术为学生提供了丰富的多媒体资源，如文本、图片、音频、视频等。这些资源可以通过在线课程、电子书籍、学习应用程序等方式获取。通过数字化技术，学生可以接触到来自世界各地的专家、学者和行业专业人士的知识和经验。这种跨地域的学习资源共享使得学生能够拓宽视野，获取最新的知识和信息。此外，数字化技术还为学生提供了更多的互动和参与机会。在线学习平台和社交媒体工具使得学生可以与其他学生交流、分享心得和困惑，共同学习和进步。这种互动和合作的学习方式有助于培养学生的团队合作能力、沟通能力和解决问题的能力。

2. 数字化技术创新学习环境的方式

数字化技术在创新学习环境方面的应用也非常广泛。VR 技术和 AR 技术为学生提供了沉浸式的学习体验。通过佩戴 VR 头盔或使用 AR 应用程序，学生可以身临其境地体验历史事件、科学实验、地理环境等。例如，学生可以通过 VR 技术参观古代文明的遗址，或者通过 AR 技术观察分子结构和化学反应。此外，数字化技术还可以为学生提供游戏化的学习体验。游戏化学习是将游戏元素和机制应用于学习过桎中，以提高学生的参与度和积极性。通过游戏化学习，学生可以在有趣和富有挑战性的环境中学习知识和技能。例如，学生可以通过玩教育游戏来学习数学、科学或历史知识。

第二章　数字化技术与高等教育的理论基础

第一节　数字化技术的核心概念

一、数字化技术的核心要素

（一）数据采集与输入

1. 数字化数据采集与输入在高等教育中的应用与价值

在高等教育领域，数字化数据采集与输入技术的应用正日益广泛，在教学管理、科研研究以及学生服务等方面带来了革命性的变革。这一技术的应用，使得高等教育能够更加精准地把握学生的学习状态，优化教学方法，从而提高教育质量。数字化数据采集为高等教育提供了丰富的教学反馈信息。通过在线学习平台，教师可以实时收集学生的学习数据，包括学习时长、答题正确率、互动频率等，这些数据为教师提供了直观、全面的学生学习情况反馈。教师可以根据这些数据，及时调整教学策略，针对不同学生的特点和需求进行个性化教学。例如，对于学习进度较慢的学生，教师可以增加辅导和练习，帮助学生更好地掌握知识；对于学习进度较快的学生，教师可以提供更多的拓展学习资源和挑战性问题，激发学生的创新思维。此外，在科研实验中，研究人员可以通过各种传感器和数据采集设备，实时记录实验过程中的各种参数变化，如温度、压力、流量等。这些数据不仅可以帮助研究人员分析实验结果，还可以为后续的科研提供宝贵的参考。通过数字化数据采集，科研人员能够更加高效地开展实验研究，推动科技创新。而且，高等教育可以通过收集和分析学生的学习和生活数据，评估教学效果，优化课程设置，提高教育资源的利用效率。同时，这些数据还可以为高等教育制定更加科学合理的发展战略。

2. 高等教育中数字化数据采集与输入面临的挑战与对策

数据安全与隐私保护是数字化数据采集与输入面临的首要挑战。高等教育在收集和使用学生数据时，必须严格遵守相关法律法规，确保学生的隐私安全。为此，高等教育应建立完善的数据保护机制，采用加密技术对数据进行保护，并严格控制数据的访问权限。同时，高等教育还应加强对学生数据的监管，防止数据泄露和滥用。而数据质量与准确性也是数字化数据采集与输入需要关注的问题。为了确保数据的准确性和可靠性，高等教育应采用高质量的数据采集设备和传感器，并定期对设备进行校准和维护。此外，高等教育还应建立数据清洗和校验机制，对数据进行预处理和筛选，以排除异常值和噪声数据。随着技术的不断发展，新的数据采集设备和输入方法不断涌现。为了确保系统的稳定性和兼容性，高等教育应密切关注技术发展趋势，及时更新设备和系统。而且，高等教育还应加强与技术供应商的合作与交流，共同推动数字化数据采集与输入技术的创新与发展。

（二）数据处理与分析

1. 高等教育中的变革之力

在教学层面，数字化技术数据处理的应用使得教师能够更加精准地掌握学生的学习情况。传统的教学方式往往依赖于纸质作业和考试，而数字化技术则能够通过在线平台实时收集和分析学生的学习数据。这些数据不仅包括学生的作业成绩和考试分数，还包括学生在课堂上的互动、在线学习的时长和频率等。通过对这些数据的处理和分析，教师可以更加清晰地了解学生的学习进度、难点和兴趣点，从而有针对性地调整教学策略，提供个性化的教学辅导。

2. 高等教育中的洞察与预见

在高等教育的教学实践中，数据分析技术的应用使得教学过程更加精细化、个性化。通过对学生在线学习行为、课堂互动表现、作业完成情况等多维度数据的分析，教育者能够深入了解每个学生的学习习惯、兴趣点及潜在困难。基于这些分析结果，教育者可以精准定位教学问题，优化教学策略，为每个学生量身定制个性化的学习方案，从而提升教学效果和学生的满意度。此外，数字化技术数据分析还为高等教育的决策制定提供了有力支持。通过对大量教育数据的深度挖掘和分析，学校管理层能够全面把握学校的办学状况、教学质量、师资力量等方面的实际情况。这些分析结果不仅有助于学校发现自身存在的问题和不足，还能为学校制定科学合理的发展规划提供数据支撑。在学术研究方面，数字化技术数据分析同样展现出了巨大的潜力。通过对海量学术数据的分析，研究人员能够发现新的研究趋势、热点和领域，为学术创新提供源源不断的动力。同时，数据分析技术还可以帮助研究人员更加高效地处理和分析实验数据，提高研究的准确性和可靠性。

（三）数据存储与管理

1. 数字化技术在数据存储中的应用

随着云计算、大数据等技术的不断发展，数据存储的方式和效率也在发生着翻天覆地的变化。特别是在高等教育领域，数字化技术的运用不仅改变了传统的教学模式，还为科研数据的存储和管理带来了革命性的变革。高等教育机构作为国家科研和人才培养的重要基地，每天都会产生大量的教学和科研数据。这些数据包括但不限于学生的学习记录、科研实验结果、学术论文以及各种多媒体教学资源。传统的数据存储方式，如纸质记录和本地硬盘存储，已经无法满足日益增长的数据处理需求。数字化技术的引入，使得这些数据能够得到有效、安全且高效的存储。云存储技术的应用，让高等教育机构能够轻松扩展存储容量，同时保证了数据的安全性和可访问性。通过云端服务器，师生可以随时随地访问所需数据，进行学习和研究。此外，分布式存储系统的应用进一步增强了数据的可靠性和可用性，即使部分存储节点发生故障,也能确保数据的完整性和可恢复性。在数字化技术的推动下,高等教育的教学模式也在不断创新。例如,在线课程和虚拟实验室的兴起,使得学习不再受时间和空间的限制。学生通过互联网就能接触到丰富的学习资源,而教师也能利用数字化工具进行更高效的教学管理。同时,数字化技术还为高等教育机构之间的合作与交流提供了便利,促进了学术资源的共享与传播。不仅如此,数字化技术在数据存储方面的应用,还为高等教育的科研工作带来了极大的便利。科研人员可以利用大数据分析工具,对海量数据进行深度挖掘和分析,从而发现新的科研方向和问题解决方案。这不仅提高了科研效率,还为学术创新提供了强有力的技术支持。

2. 数字化技术在数据管理中面临的机遇

数字化技术的广泛应用使得高等教育机构的数据量呈指数级增长,其中包含了大量的个人隐私信息,如学生的身份信息、成绩记录等。一旦这些数据遭到泄露,会在一定程度上对个人和机构造成不可估量的损失。因此,高等教育机构必须建立完善的数据安全管理体系,通过加密技术、访问控制等手段确保数据的安全性。一方面,高等教育机构可以加强与专业的数据安全管理机构的合作,引进先进的技术和管理经验,提升自身的数据安全防护能力。另一方面,高等教育机构可以通过开设数据安全与隐私保护的课程,增强学生的数据素养和防范意识,培养具备数据安全专业知识的人才。此外,高等教育机构还应建立完善的数据备份和恢复机制,以防数据丢失或损坏。通过定期的数据备份和灾备演练,确保在紧急情况下能够迅速恢复数据,保障教学和科研活动的正常进行。

二、数字化技术的关键特点

(一) 高效率与自动化

1. 数字化技术提升高等教育的高效率

随着信息技术的迅猛发展,传统的教学方式已经逐渐被数字化技术所颠覆,信息技术为高等教育带来了前所未有的高效率。数字化技术的应用,使得高等教育的教学方式发生了翻天覆地的变化。传统的纸质教材被电子教材所取代，学生们可以随时随地通过手机、平板电脑等设备进行学习，不再受限于固定的时间和地点。同时，在线课程和远程教育平台的兴起，更是让学生们能够自主选择学习内容和进度，大大提高了学习效率。教师们也可以利用数字化工具进行在线答疑、作业批改等，节省了大量的时间和精力。除了教学方式，数字化技术还在高等教育方面展现了高效率的管理。高等教育的各种管理系统，如学生信息管理系统、课程管理系统等，都实现了自动化处理。这些系统能够自动记录学生的学习情况、成绩信息等，为教师和学生提供了极大的便利。同时，通过大数据分析技术，高等教育还能够更加精准地了解学生的学习需求和偏好，为教学改进提供有力的数据支持。在科研方面，数字化技术的高效率也体现得淋漓尽致。科研人员可以利用数字化工具进行文献检索、数据分析等，大大提高了科研工作的效率。同时，数字化模拟实验和虚拟现实技术的应用，也使得科研人员能够在计算机上进行模拟实验，减少了实验成本和时间。

2. 数字化技术推动高等教育的自动化进程

自动化意味着减少人力，更代表着精确性、一致性和可预测性的提升。数字化技术的自动化特性在高等教育的教学管理中得到了广泛应用。例如，智能排课系统能够根据教室、教师和学生的可安排时间，自动排出合理且高效的课程表，避免了人工排课可能出现的冲突和错误。同时，自动化的考试系统能够确保试卷的准确分发、收集以及成绩的快速处理，大大减轻了教务人员的工作负担。此外，数字化技术也在学习资源的管理上展现了自动化的优势。电子图书馆能够自动记录图书的借阅情况，为学生提供个性化的图书推荐。在线学习平台则能够根据学生的学习进度和反馈，自动调整学习内容的难度和节奏，以实现个性化的学习路径。在科研领域，数字化技术的自动化也带来了革命性的变化。例如，高性能计算机能够自动进行复杂的数据分析和模拟实验，极大地缩短了科研周期。同时，自动化的文献管理系统能够帮助研究人员快速整理和引用文献资料，提高了科研工作的效率。

（二）准确性与高效性

在教学层面，数字化技术的精确性为教学内容的传递与理解提供了有力保障。传统的教学方式往往依赖于教师的个人经验与主观判断，而数字化技术则能够通过精准的数据分析和模型构建，将复杂的知识体系以更加清晰、直观的方式呈现给学生。例如，通过智能化的教学平台，教师可以精确地掌握每个学生的学习进度和难点，从而针对性地调整教学策略，确保每个学生都能够得到精准的教学辅导。这种基于精确数据的个性化教学，不仅提高了学生的学习效率，也增强了教学的针对性和有效性。在学术研究层面，学术研究需要严谨的数据支撑和精确的分析方法，而数字化技术则能够提供高效、准确的数据处理和分析工具。通过运用数据挖掘、机器学习等技术手段，研究人员可以从海量的数据中提取出有价值的信息和模式，为学术研究提供精确的结论和依据。这种基于精确数据的学术研究不仅提高了研究的可靠性和科学性，也推动了学术领域的进步和发展。此外，通过对学生、教师、课程等各方面的数据进行精确收集和分析，学校可以更加科学地制定教学计划、优化资源配置、提升管理效率。这种基于精确数据的决策方式不仅提高了管理的针对性和有效性，也推动了高等教育的现代化和智能化发展。

（三）灵活性与可扩展性

1. 数字化技术的灵活性

在技术应用层面，数字化技术的灵活性体现在其广泛的适用性和多样的应用场景等方面。无论是工业制造、医疗健康、金融服务还是教育领域，数字化技术都能凭借其独特的优势，为各行各业带来前所未有的变革和机遇。在数据传输层面，数字化技术的灵活性则体现在其高效、便捷的传输方式上。传统的数据传输方式往往受到物理介质的限制，而数字化技术则可以通过互联网、物联网等渠道，实现数据的实时传输和共享。这种传输方式的灵活性不仅提高了数据的利用率，也大幅提高了工作效率。在系统架构层面，数字化技术的灵活性更是得到了充分体现。传统的系统架构往往是封闭的、固定的，而数字化技术则可以实现系统的模块化、可配置化。这意味着系统可以根据实际需求进行灵活的组合和扩展，以满足不同场景下的应用需求。这种灵活的系统架构不仅降低了系统维护的成本，也提高了系统的可扩展性和可升级性。此外，随着科技的不断进步，数字化技术也在不断更新换代，以适应不断变化的市场需求和技术环境。

2. 数字化技术的可扩展性

在数字化时代，随着业务的不断发展和市场的不断变化，数字化技术的可扩展性成为衡量技术价值的重要标准之一。从技术的角度来看，数字化技术的可扩展性体现在其易于集成和扩展的特性上。无论是与现有系统的对接，还是与新技术的融合，数字化技术都能展现出强大的兼容性和扩展性。这种特性使得企业能够根据需要灵活地调整技术架构，以适应市场的变化和业务的发展。在数据处理方面，随着大数据、云计算等技术的快速发展，数据处理的规模和复杂度不断攀升。然而，数字化技术却能够轻松应对这些挑战，通过分布式计算、负载均衡等手段实现高效的数据处理和分析。这种可扩展性不仅提高了数据处理的速度和准确性，也为企业提供了更多的洞察能力和商业价值。此外，随着科技的不断进步，新的技术和应用不断涌现。数字化技术通过持续的创新和升级，能够不断吸收和融合新技术，从而保持其技术的先进性和竞争力。

（四）交互性与实时性

1. 数字化技术的交互性对高等教育的影响

在传统的高等教育模式中，学生与教师的交流往往受限于课堂时间和空间，而数字化技术的交互性则打破了这一束缚。通过在线学习平台、实时聊天工具以及互动式多媒体内容，学生可以随时随地向教师提问，教师也能即时回应，从而构建起一个无时空限制的沟通环境。这种交互性不仅提高了学生学习的积极性和参与度，也使得教师能够更准确地把握学生的学习进度和难点，进行有针对性的指导。在高等教育的实践中，数字化技术的交互性还体现在学生之间的协作学习上。通过在线讨论区、共享文档等功能，学生们可以围绕课程内容展开深入的讨论和交流，共同解决问题，完成学习任务。同时，教师可以通过监控学生的在线交互活动，了解学生的学习态度和思维方式，为后续的教学提供有力的参考。此外，教师可以利用交互式电子白板、虚拟现实技术等工具，创造出生动、形象的教学情境，提高学生的学习兴趣和体验，使得抽象的理论知识变得更加直观易懂，有助于提升学生的理解能力和实践操作能力。

2. 数字化技术的实时性对高等教育的影响

在传统的教育环境中，信息的传递和反馈往往存在一定的延迟，而数字化技术的实时性则大幅缩短了这一时间差。教师可以通过实时在线的教学平台，即时发布课程资料、作业要求以及学习指导，确保学生能够第一时间获取到最新的教学信息。同时，学生也能利用实时性强的在线测试系统，随时检验自己的学习成果，及时发现并纠正学习中的误区。教师可以根据学生的实时学习数据，及时调整教学策略，以满足不同学生的学习需求。而且，在高等教育的考试与评价体系中，数字化技术的实时性同样发挥着重要作用。通过在线考试系统，教师可以及时掌握学生的考试情况，对考试成绩进行快速分析和处理。这种实时的评价方式不仅提高了评价的准确性和效率，也为教师提供了更为丰富和全面的教学反馈信息。此外，数字化技术的实时性还为高等教育的国际合作与交流提供了便利。通过实时的视频会议系统，不同国家和地区的师生可以进行即时的学术讨论与交流，共同分享教育资源和研究成果，这些不仅拓宽了学生的国际视野，也促进了高等教育的全球化发展。

第二节　高等教育的基本理论

一、高等教育的哲学与心理学基础

（一）高等教育的哲学基础

1. 认识论高等教育哲学

在高等教育的广阔天地里，认识论哲学扮演着至关重要的角色，指引着教育实践的方向。高等教育是知识的传递，更是对学生认知能力、思维方式和世界观的塑造。在这一哲学观念的引领下，高等教育被视作一个不断探索、质疑和求真的过程。学生不再是被动的知识接受者，而是成为积极的知识建构者，通过与教师、同学的互动，不断拓宽自己的认知边界，深化对世界的理解。认识论高等教育哲学强调批判性思维的培养，鼓励学生挑战现有知识，勇于提出新的问题和观点，从而在学术的海洋中乘风破浪，探寻真理的彼岸。而认识论哲学认为：知识并非一成不变，而是在不断发展和演变中。因此，高等教育应致力于激发学生的求知欲和探索精神，让学生在追求真理的道路上勇往直前。这种教育理念不仅关注学生的知识储备，更重视其思维方式和认知能力的提升。通过认识论高等教育哲学的指导，学生将学会如何学习，如何面对未知，如何在不断变化的世界中立足。这种教育哲学不仅对学生的个人成长具有重要意义，也为社会的进步和科技创新奠定了坚实基础。与此同时，在高等教育的课堂上，教师不仅要传授专业知识，更要引导学生理解知识之间的联系，构建完整的知识体系。通过跨学科的学习和研究，学生可以更加全面地认识世界，提高解决复杂问题的能力。此外，认识论哲学还鼓励学生在实践中检验和发展知识，将理论与实际相结合，从而培养出具有创新精神和实践能力的高素质人才。

2. 人本论高等教育哲学

人本论强调尊重学生的主体性，认为每个学生都是独一无二的个体，具有自己的兴趣、特长和发展潜力。因此，高等教育的目标应该是帮助学生发现自己的价值，实现自我成长和超越。在人本论高等教育哲学的指导下，教师不再是单纯的知识传授者，而是成为学生成长的引导者和伙伴，关注学生的内心世界，倾听学生的声音，提供个性化的教育支持。同时，高等教育机构也应创造一个自由、开放、包容的学习环境，让学生在这里能够自由探索、勇于尝试，实现自我价值的最大化。此外，高等教育不仅要培养学生的专业技能，更要注重培养其道德品质和社会责任感。通过参与社会服务、实践活动等，学生可以更加深刻地理解社会现实，增强社会责任感，成为有担当、有情怀的新时代好青年。

（二）高等教育的心理学基础

1. 大学生的认知发展

在大学阶段，学生的认知能力经历了显著的变化和提升，这一时期的认知发展对于学生未来的学术和职业生涯具有深远的影响。进入大学后，学生开始接触到更为复杂和抽象的知识体系，这要求学生具备更高的思维能力和信息处理技巧。大学生的思维逐渐从具体形象思维向抽象逻辑思维转变，学生开始能够处理更加复杂的概念、理论和模型，对问题进行更为深入的分析和总结。同时，学生的辩证思维能力也得到了显著提升，能够更全面、更客观地看待问题，不再局限于表面的现象，而是能够深入挖掘事物的本质和内在联系。此外，大学生的元认知能力也在这一时期得到了显著的发展。元认知是指个体对自己的认知过程和结果的意识与控制能力。大学生开始能够有意识地监控和调整自己的学习过程，选择更有效的学习策略，以提高学习效率和质量。学生学会了如何根据自己的学习特点和任务要求，制定合理的学习计划，并能够在学习过程中进行自我反馈和调整。高等教育为学生提供了广阔的创新平台和实践机会，鼓励学生勇于尝试、敢于创新。通过参与科研项目、学术竞赛等活动，大学生能够锻炼自己的创造性思维能力，提出新颖的观点和解决方案，为未来的学术研究和职业发展奠定坚实的基础。

2. 大学生的情感发展

随着大学生活的展开，学生开始面临更多的挑战和压力。学生需要独立应对学业、社交、就业等多方面的问题，这往往导致情感上的波动和困惑。然而，正是这些挑战促进了大学生情感的成熟和稳定。学生逐渐学会如何管理自己的情绪，以更积极、更理性的态度面对生活中的各种困难和挑战。在高等教育期间，学生的自我意识逐渐增强，学生开始更加深入地了解自己的内心世界，探寻自己的价值观和人生目标。这一过程中，大学生可能会经历自我认同的危机和重建，但正是这些经历促使学生形成更加坚实的自我认知和情感基础。学生开始更加珍视自己的情感需求，懂得如何与他人建立良好的情感联系，形成稳定的人际关系网络。此外，学生开始关注社会问题，对弱势群体表现出更多的同情和关爱。通过参与志愿服务、社会实践等活动，大学生能够体验到帮助他人的快乐，培养起更为深厚的情感素养和人文关怀。

3. 大学生的社会性发展

大学生的社会性发展是其在高等教育阶段所经历的重要成长过程。这一过程关乎知识技能的积累，更涉及个体如何更好地融入社会、处理复杂人际关系以及承担社会责任等方面。在高等教育这个相对开放和自由的环境中，学生开始独立地面对生活中的各种挑战，学会自我管理和决策，同时也在与同龄人和更广泛的社会群体互动中，逐渐形成了自己的价值观和世界观。而且，大学生在这一阶段，通过参与各种社团活动、志愿服务、实习实践等，开始深刻体验到社会的多样性和复杂性。这些经历不仅锻炼了学生的组织协调能力、沟通技巧和团队协作精神，更重要的是，让学生在实践中学会了如何平衡个人利益与社会责任，如何在不同的社会角色中找到自己的定位。此外，面对学业压力、人际关系挑战以及未来职业规划的不确定性，大学生需要学会调节情绪、保持积极心态，并寻求有效的支持和帮助。这一过程中，学生不仅提升了自我认知和情感管理能力，也为将来成为具有社会责任感和坚韧心理的成年人打下了坚实基础。值得一提的是，大学生的社会性发展并非一帆风顺。在这个过程中，学生可能会遭遇挫折、困惑甚至失败。但正是这些经历，促使学生不断反思、学习和成长。通过不断的自我调整和社会适应，大学生逐渐形成了独立的人格和批判性思维，这也是学生未来成为社会栋梁之材的重要基石。

二、高等教育的社会学分析

（一）高等教育与社会分层

1. 高等教育在社会发展中的重要性

高等教育在现代社会中扮演着促进社会流动的重要角色，通过接受高等教育，个体能够获得更为专业的知识和技能，从而提升自身在就业市场中的竞争力，这为学生向上流动提供了可能。高等教育的普及化和质量的提高，使得越来越多的人有机会通过学术成就来改变自己的命运。特别是在许多发展中国家，高等教育被视为摆脱贫困、实现社会地位跃升的重要渠道。在这些国家，高等教育机构不仅要传授知识，更承载着社会公平与进步的希望。而且，通过不断完善高等教育体系，提高教育质量，扩大教育机会，社会可以更加公平地分配资源，为更多人打开向上流动的大门。

2. 高等教育与阶层固化

阶层固化指的是社会阶层之间的流动减少，各阶层之间的界限变得更为固定和明确。在高等教育的语境下，这种固化可能源于教育资源的不平等分配、精英教育的导向以及社会网络的影响。而优质的高等教育资源往往集中在少数顶尖学府，而这些学府的入学门槛又极高。这导致只有少数具有优越社会背景的学生才能获得这些资源，从而加剧了社会阶层的固化。此外，一些高等教育机构过于强调精英培养，忽视了对普通学生的关注和支持，这也在无形中强化了阶层差异。同时，来自不同社会背景的学生在建立社交网络时往往会形成不同的圈子，这些圈子又可能进一步影响学生的职业发展和社会地位。如果这种社交网络的形成过于依赖家庭背景和社会资本，那么它也可能成为阶层固化的一个因素。事实上，许多高等教育机构正在努力通过扩大招生规模、提供奖学金和助学金、改进教学方法等手段来打破阶层壁垒，促进教育公平。这有助于削弱高等教育的阶层固化效应，为更多来自不同背景的学生提供平等接受教育的机会。

（二）高等教育与社会流动

1. 教育资源的公平分配

高等教育作为社会发展的重要引擎，其与社会流动之间的关系历来紧密。在深入探讨这一主题时，教育资源的公平分配无疑是一个核心议题。教育资源，包括优秀的师资、先进的教学设施以及丰富的学术资源，是高等教育质量的基石。只有当这些资源能够公平地分配给每一个学生，不论其出身背景、地域差异或经济状况，高等教育的社会流动功能才能得到充分展现。公平分配教育资源，意味着每个学生都享有平等接受优质教育的机会。这是教育公平的体现，更是社会公正的象征。通过高等教育，个体能够跨越原有的社会阶层，实现向上流动。然而，若教育资源分配不均，那么高等教育便可能成为某些特定社会群体的"专利"，导致社会流动性的降低。因此，政府和社会各界应当共同努力，确保教育资源的公平分配，为每一个有志于接受高等教育的学生打开通往成功的大门。在师资方面，应建立有效的激励机制，吸引优秀人才投身教育事业，并通过合理的师资配置，确保各地区、各学校都能拥有优秀的教师团队。在教学设施方面，应加大对高等教育的投入，提升学校的硬件设施水平，为学生提供良好的学习环境。在学术资源方面，应加强学术交流与合作，推动知识共享与创新，为学生提供丰富的学术滋养。

2. 知识改变命运的力量

高等教育不仅是知识的传递和技能的培养，更是一种对个人潜能的挖掘和提升。通过接受高等教育，个体能够获得更为广阔的视野、更为深厚的素养和更为全面的能力，从而为未来的社会流动奠定坚实的基础。在高等教育的过程中，学生将接触到大量的新知识、新观念和新方法，这些都将对其原有的认知体系产生冲击和重构。通过不断的学习和思考，学生将逐渐形成自己的世界观、人生观和价值观，为未来的生活和职业发展奠定坚实的思想基础。此外，在学习的过程中，学生将学会如何分析问题、解决问题以及进行创新创造。这些能力在未来的工作和生活中都将发挥重要作用，帮助学生更好地适应社会的变化和挑战。同时，高等教育还能够培养学生的团队协作、沟通表达等软技能，这些技能在现代社会中同样具有不可替代的价值。高等教育所赋予的知识和能力，为个体的社会流动提供了强大的动力。通过掌握先进的知识和技能，个体能够在职场中脱颖而出，实现职业发展和晋升。高等教育还能够拓宽个体的社交网络和人脉资源，为其未来的社会流动提供更多的机会和可能。因此，高等教育与社会流动之间的关联不仅体现在教育资源的公平分配上，更体现在知识改变命运的力量上。通过接受高等教育，个体能够不断提升自己的能力和素养，实现向上流动的梦想。这种流动不仅是个体层面的成功和进步，更是社会整体活力和进步的体现。

第三节　技术与教育的融合发展理论

一、数字化技术与教育融合的基础理论

（一）建构主义学习理论与数字化技术的结合

1. 建构主义学习理论在数字化环境中的应用

建构主义学习理论强调学生在知识建构中的主动性，认为学习是学生通过与环境的互动来建构个人理解和知识的过程。在数字化技术的支持下，这一理论得到了新的发展和实践。数字化技术为学生提供了更为丰富和多元的学习资源，使得学生能够根据自己的需求和兴趣进行个性化的学习路径选择。通过网络平台，学生可以轻松地获取到海量的信息，与全球的学生进行交流和分享，这种开放的学习环境正是建构主义所倡导的。在数字化环境中，学生可以利用各种在线工具和应用程序，如虚拟实验室、模拟软件、在线讨论区等，进行实践性的学习和探索。这些工具不仅提供了真实的情景模拟，还能让学生在安全的环境中进行试错，从而深化对知识的理解。此外，数字化技术还使得学习过程的记录和反思变得更为便捷，学生不但可以通过博客、电子档案等方式，随时记录自己的学习心得和问题，促进元认知能力的提升。而且，学生还可以通过社交媒体、在线论坛等渠道，与来自不同文化背景的学生进行交流和协作，这种跨文化的交流不仅拓宽了学生的视野，也锻炼了学生在多元环境中的沟通能力和团队协作能力。数字化技术还为学生提供了即时反馈机制，使得学生能够及时了解自己的学习进度和效果，便于调整学习策略。因此，建构主义学习理论与数字化技术的结合，为学生创造了一个更加自主、开放、互动的学习环境，有助于培养学生的创新能力、批判性思维和解决问题的能力。

2. 数字化技术对建构主义学习理论的推动作用

数字化技术为学生构建了一个无边界的信息空间，其中充满了各种形式

的学习资源和知识表示方式，如图文、音视频、虚拟现实等，极大地丰富了建构主义学习环境。而且，数字化技术为建构主义所强调的"情境"学习提供了前所未有的可能性。通过虚拟现实技术，学生可以沉浸在逼真的模拟环境中进行角色扮演和问题解决，这种情境化的学习方式能够极大地提升学生的参与度和学习兴趣。同时，移动学习设备的普及，使得学生可以随时随地进行学习，这种灵活性和便捷性正是建构主义所倡导的学习自主性的体现。此外在线协作工具如 Google Docs（谷歌文档）、在线白板等，支持多人同时编辑和讨论，使得学生能够在共同的目标下进行有效的合作和交流。这种协作学习方式不仅培养了学生的团队协作能力，还促进了知识的社会建构，与建构主义的理论核心高度契合。数字化技术的智能化发展，也为学生的个性化学习提供了支持。通过大数据分析和人工智能算法，可满足学生个体差异化的需求。

（二）混合式学习理论

1. 混合式学习理论在数字化教育中的教学模式创新

混合式学习理论在数字化教育中的应用，为教学模式带来了前所未有的创新。传统的课堂教学往往受限于时间、空间和教师资源，而混合式学习则打破了这些限制，将线上学习与线下实践相结合，形成了一种全新的教学模式。在这种模式下，学生可以通过网络平台进行自主学习，随时随地获取丰富的学习资源，同时又能在线下的课堂中与教师和其他学生进行面对面的交流和讨论。数字化教育为混合式学习提供了强大的技术支持。在线学习平台不仅提供了视频讲座、电子教材、在线测验等多样化的学习资源，还能通过大数据分析学生的学习行为，为教师提供精准的教学反馈。在线下的课堂中，教师可以根据学生在线学习的数据和反馈，有针对性地进行讲解和辅导，从而提高教学效果。此外，混合式学习还鼓励学生通过小组合作、项目探究等方式进行主动学习，培养了学生的自主学习能力和团队协作精神。混合式学习理论在教学模式上的创新，不仅提高了教学效果，还促进了教育公平。在数字化教育的支持下，优质的教育资源得以共享，无论是城市还是农村的学生，都能享受到高质量的教育。同时，混合式学习也为学生提供了更多的学习选择和灵活性，学生可以根据自己的兴趣和需求进行个性化学习，更好地实现自我价值。

2. 混合式学习理论在数字化教育中的学习体验优化

混合式学习理论在数字化教育中的应用，显著优化了学生的学习体验。传统的课堂教学往往以教师为中心，学生处于被动接受的状态，而混合式学习则以学生为中心，注重学生的主动参与和探究。通过线上线下的有机结合，混合式学习为学生提供了更加丰富、多样的学习方式和途径。在线上学习中，学生可以利用数字化教育平台上的各种学习资源，如视频、音频、图文等，进行自主学习和探究。这种学习方式不仅让学生可以根据自己的节奏和兴趣进行学习，还能通过在线测试和模拟考试等方式及时检验自己的学习成果，从而调整学习策略。同时，线上学习还能为学生提供即时的学习反馈，帮助学生更好地了解自己的学习情况和进步程度。在线下的课堂中，学生可以与教师和其他学生进行面对面的交流和讨论，这种互动和合作不仅能够加深学生对知识的理解和掌握，还能培养学生的沟通能力和团队协作精神。此外，线下课堂还能为学生提供实践操作的机会，让学生在实践中巩固和应用所学知识，提高解决问题的能力。混合式学习理论在数字化教育中通过线上线下的有机结合，为学生提供了更加个性化、多样化的学习体验。

二、数字化技术在高等教育中的重要体现

（一）在线教育平台的建设与发展

1. 高等教育在线教育平台的技术架构与互动性增强

高等教育在线教育平台作为现代教育技术的重要组成部分，其技术架构的稳固性和互动性对于提高教育质量具有至关重要的作用。在线教育平台的技术架构必须能够支持大规模用户的同时访问，确保课程的流畅播放与实时互动。云计算技术的应用使得平台可以弹性扩展，以应对用户量激增的情况，而 CDN（内容分发网络）则确保了教育内容能够快速、稳定地传输到全球各

地。除了基础的技术支撑，互动性是在线教育平台吸引和保持学生注意力的关键。传统的在线教育往往只是将课堂内容录像后放到网上，缺乏实时的师生互动。而现代的高等教育在线教育平台则通过引入实时问答、在线测验、学习小组讨论等功能，显著增强了教学的互动性。学生可以在学习过程中随时提问，教师或其他学生可以即时回应，这种即时的反馈机制对于提升学习效果至关重要。此外，为了进一步增强互动性，一些平台还开始尝试引入 VR 技术和 AR 技术，为学生提供更为沉浸式的学习体验。通过这些技术，学生可以在虚拟环境中进行实践操作，如模拟化学实验、机械操作等，这不仅提升了学习的趣味性，也加深了学生对知识的理解。随着技术的不断进步，高等教育在线教育平台的技术架构将越来越稳固，互动性也将越来越强，为学生提供更加高效、便捷、有趣的学习体验。

2. 高等教育在线教育平台的内容创新

高等教育在线教育平台在内容创新方面正展现出前所未有的活力。传统的高等教育内容往往以教材为中心，而在线教育平台则为教育内容的多样性和学生的个性化提供了更广阔的空间。平台上，教师可以根据学生的学习需求和兴趣，定制专属于在线环境的教学内容，如结合多媒体元素的富媒体教材、互动式模拟实验、实时数据分析案例等。内容的创新不仅体现在教学资源的多样性上，还体现在教学模式的变革上。在线教育平台鼓励翻转课堂、混合式教学等创新模式的实践，使学生能够在课前预习、课中互动、课后巩固的全方位学习过程中获得更深层次的理解和掌握。同时，利用大数据和人工智能技术，平台可以对学生的学习行为进行分析，为教师提供精准的教学反馈，从而进一步优化教学内容和方法。此外，随着 5G、物联网等技术的普及，在线教育将与更多现实世界的应用场景相结合，如远程实验室、实地考察的虚拟体验等，进一步拉近理论与实践的距离。

（二）VR 与 AR 在教育中的功能

1. VR 在高等教育中的功能

在高等教育的理论学习中，VR 技术能够为学生创造一个身临其境的学习环境。无论是历史事件的重现、地理环境的模拟，还是复杂科学原理的直观展示，VR 技术都能够将抽象的理论知识转化为具体的视觉体验。这种沉浸式的学习方式，有助于学生更深入地理解知识，增强记忆效果，同时也能够激发学生的学习兴趣和积极性。此外，传统的实验教学往往受限于场地、设备等因素，而 VR 技术则能够突破这些限制，让学生在虚拟环境中进行各种实验操作。通过模拟实验场景和过程，VR 技术不仅降低了实验教学的成本和风险，同时也为学生提供了更多样化、更丰富的实验体验。不仅如此，VR 技术还能够为高等教育提供个性化的学习路径。每个学生都可以根据自己的学习进度和兴趣，在虚拟环境中选择适合自己的学习内容和方式。

2. AR 在高等教育中的功能

在高等教育中，AR 技术能够将虚拟信息与真实环境相结合，为学生创造出一个既真实又富有想象力的学习空间。在医学教育中，学生可以通过 AR 技术观察人体内部的解剖结构，了解疾病的发病机制和治疗方法；在工程学教育中，学生可以利用 AR 技术进行虚拟设计和操作，模拟实际工程中的问题和挑战。这种学习方式不仅提高了学生的学习兴趣和参与度，也加深了学生对专业知识的理解和掌握。此外，AR 技术还能够促进高等教育的跨学科学习。通过将不同学科的知识和信息整合到同一个 AR 环境中，学生可以更加直观地了解各学科之间的联系和交叉点，从而培养学生的跨学科思维和解决问题的能力。这种综合性的学习方式有助于培养学生的综合素质和创新能力。同时，AR 技术还为高等教育提供了更为灵活和便捷的教学方式。教师不再局限于传统的课堂讲授，而是可以利用 AR 技术设计更为生动和有趣的教学内容，激发学生的学习兴趣和积极性。

（三）AI（人工智能）在教育领域的创新实践

1. 人工智能在高等教育个性化教学中的应用

人工智能技术的迅猛发展为高等教育带来了革命性的变革，特别是在个性化教学方面的实践尤为引人注目。在传统的高等教育模式中，由于师生比例的不平衡，个性化教学往往难以实现。然而，借助人工智能的数据分析能力和智能推荐系统，教师能够更精准地了解每位学生的学习风格、兴趣偏好和知识掌握情况，从而为学生量身定制学习方案。人工智能可以通过分析学生的学习数据，如作业完成情况、在线学习时长、课堂参与度等，来预测学生的学习轨迹和潜在问题。基于这些数据，智能教学系统能够为学生推荐相关学习资源和练习题，以强化薄弱环节，提升学习效果。此外，AI 还可以根据学生的学习进度和反馈，动态调整教学难度和节奏，确保每位学生都能在适合自己的学习路径上不断进步。除了个性化教学资源的推荐，人工智能还能辅助教师进行学生评估。通过自然语言处理和机器学习技术，AI 可以自动批改作业和试卷，为教师节省大量时间，同时提供更客观、全面的学生表现评价。这种评价方式不仅能够及时反馈学生的学习状况，还能帮助教师发现教学中的盲点，进一步优化教学策略。人工智能在高等教育个性化教学中的应用，正逐步改变着传统的教学模式，使教育更加贴合学生的实际需求，提高了教学的针对性和实效性。

2. 人工智能在高等教育智能管理与服务中的创新

随着高等教育规模的不断扩大和信息化建设的深入，传统的管理模式已经难以满足高效、精准的管理需求。而人工智能的引入，为高等教育管理带来了新的可能性。

在教务管理方面，人工智能可以通过大数据分析，为高等教育提供课程安排、教师资源配置等优化建议。同时，智能排课系统能够自动处理复杂的排课需求，避免课程冲突，提高教学资源的利用效率。此外，AI 还能协助进行学生成绩管理和学业预警，及时发现学生的学习问题并给出干预建议。在学生服务方面，人工智能同样发挥着重要作用。智能咨询系统可以为学生提供 24 小时不间断的在线咨询服务，解答关于课程、考试、毕业等方面的疑问。同时，基于 AI 的心理辅导系统能够为学生提供个性化的心理健康支持和建议，帮助学生更好地应对学习和生活中的压力。在校园安全管理上，人工智能也展现出强大的潜力。通过智能监控系统，高等院校能够实时监控校园内的安全状况，及时发现并处理异常情况。此外，AI 还能辅助进行校园消防、能源管理等工作，提高高等教育校园的整体安全水平。人工智能在高等教育智能管理与服务中的创新应用，不仅提高了高等教育的管理效率和服务质量，还为学生创造了更加安全、便捷、高效的学习环境。

（四）大数据在教育评价与管理中的作用

1. 大数据在高等教育评价体系中的应用

在高等教育领域，大数据技术的应用正逐渐改变着传统的教育评价方式。通过收集和分析学生在学习过程中产生的大量数据，高等教育机构能够更全面地评价学生的学习效果、教师的教学质量以及课程设置的合理性。这些数据包括但不限于学生的在线学习时长、作业完成情况、课堂参与度、考试成绩等，它们共同构成了一个多维度的评价体系。大数据的应用使得教育评价不再仅仅依赖于单一的考试成绩，而是能够综合考虑学生的多个方面，从而更准确地评估学生的综合能力。例如，通过分析学生的在线学习数据，可以了解学生的学习习惯、兴趣偏好和学习难点，为教师提供个性化的教学建议。同时，大数据还能揭示出不同学生群体在学习上的差异，帮助教育者更好地满足不同学生的需求。此外，大数据在评价教师教学质量方面也发挥着重要作用。通过分析学生对教师的教学评价、课堂互动数据以及学生的学习成果，可以客观地评估教师的教学效果，为教师提供反馈和改进建议。这种基于数据的评价方式更为客观、全面，有助于提升教师的教学水平，进而提高整体教育质量。并且，大数据在高等教育评价体系中的应用，不仅提高了评价的准确性和客观性，还为教育决策提供了科学依据。通过深入挖掘和分析教育数据，高等教育机构能够不断优化教育资源配置，提高教育质量和效率。

2. 大数据在高等教育教学方法改进中的作用

大数据技术的迅猛发展，为高等教育教学方法的改进提供了强有力的支持。传统的教学方法往往基于教师的经验和直觉，而大数据的引入使得教学决策更加科学、精准。通过分析学生在学习过程中产生的大量数据，教师可以更深入地了解学生的学习需求和困难，从而调整教学策略，实现个性化教学。大数据能够帮助教师识别学生的学习模式和偏好。例如，通过分析学生的在线学习行为，教师可以了解学生在哪些知识点上停留时间较长、重复学习次数较多，从而判断学生的学习难点和兴趣点。同时，大数据还能揭示学生的学习进度和学习效果。通过实时跟踪学生的学习数据，教师可以及时发现学生的学习问题，并给予指导和帮助。这种即时反馈机制有助于提高学生的学习动力和学习效果。大数据在教学方法改进中的另一个重要作用是促进教学创新。基于对学生学习数据的深入分析，教师可以尝试新的教学方法和手段，如翻转课堂、在线协作学习等，以激发学生的学习兴趣和提高教学效果。这种数据驱动的教学创新为高等教育注入了新的活力。

第三章 数字化技术与高等教育教学内容的融合

第一节 数字化教学内容的创新与整合

一、高等教育数字化教学内容创新与整合的意义

（一）有助于提高教学质量与教学效率

1. 数字化技术对高等教育教学质量的提高

数字化技术不仅拓宽了教学手段，还丰富了教学资源，满足了学生对个性化教学的需求。教学形式的改变使得教学过程更加生动、形象，有效激发了学生的学习兴趣，提高了教学质量。同时，通过采用线上线下相结合的教学模式，学生能够广泛涉猎各个领域的知识，跨学科学习，从而提升创新能力和综合素养。

2. 数字化技术对于高等教育教学效率的提高

数字化技术的发展，为高等教育教学提供了丰富的教学资源。教师可以通过网络搜索、在线课程、数字化图书馆等途径，获取大量的教学资源，包括教学视频、教学案例、教学文档等。这些教学资源可以帮助教师拓宽教学视野，丰富教学内容，提高教学质量。数字化技术还可以为学生提供个性化

的教学资源。教师可以根据学生的学习进度、兴趣爱好等因素，为学生推荐个性化的教学资源，满足学生的个性需求。数字化技术的应用，使得教学形式更加多样化。教师可以采用多媒体教学、虚拟现实教学、在线教学等方式，将教学内容以更加生动、形象的形式呈现给学生，激发学生的学习兴趣。例如，教师可以通过多媒体教学，将文字、图片、音频、视频等多种元素结合起来，制作出生动有趣的教学课件，吸引学生的注意力，提高教学效果。数字化技术还可以为教学提供实时反馈和评价。教师可以通过在线测试、作业批改、课堂互动等方式，及时了解学生的学习情况，调整教学内容和方法。学生可以通过在线评价、反馈等方式，为教师提供改进的建议和意见，促进教学质量的提高。而且，数字化技术的发展，为高等教育教学提供了便捷的教学手段。教师可以通过网络教学平台、在线课程等方式，实现远程教学和在线教学，打破时间和空间的限制，提高教学效率。例如，教师可以通过在线课程，将教学内容录制下来，供学生随时随地学习。学生可以根据自己的时间和进度，自主学习课程内容，提高学习效率。数字化技术还可以为教学提供智能化的教学辅助工具。例如，智能教学系统可以根据学生的学习情况，自动调整教学内容和难度，提供个性化的学习建议和辅导。智能评测系统可以自动批改作业和试卷，提供实时反馈和评价，帮助教师及时了解学生的学习情况，调整教学策略。数字化技术的应用，还可以实现教学资源的共享和复用。教师可以将自己制作的教学资源上传到网络教学平台，供其他教师和学生使用。这样不仅可以提高教学资源的利用率，还可以促进教师之间的交流和合作，提高教学水平。

（二）有助于提高等教育管理水平

1. 强化师资力量

随着数字化技术的快速发展，传统的教学模式已经无法满足当代学生的学习需求，因此，加强师资培训和提升技能显得尤为重要。通过系统的培训，教师可以更好地掌握数字化教学工具的使用方法，从而在日常教学中灵活运用，创新教学方式。培训内容方面，应着重于数字化教学技能的培养，如多媒体课件制作、网络教学平台的运用、在线互动教学方法等。同时，还应注重培养教师的信息素养，使其能够有效地搜索、整合和利用数字化教学资源，丰富教学内容，提高教学质量。通过这些培训，教师能够更好地将数字化技术与传统教学相结合，创造出更加生动、有趣且高效的课堂。此外，推动数字化教学内容的创新与整合也是关键一环。在掌握了数字化教学技能后，教师应积极探索如何将这些技能应用到实际教学中去。例如，可以利用多媒体课件和网络教学资源，设计出具有创新性的教学方案，使学生在学习过程中更加直观、深入地理解知识。同时，教师还可以通过网络平台与其他教师分享和交流教学经验，共同推动数字化教学内容的创新与发展。融入数字化技术的高等教育不但能够提升教师的教学水平，更能够为学生提供更加多样化、个性化的学习体验。通过加强师资培训和技能提升，推动数字化教学内容的创新与整合，高等教育将迈向一个更加现代化、高效化的新阶段。在高等教育中，教师的角色至关重要：既是知识的传播者，更是学生思想启蒙的引路人。因此，提升教师的数字化教学能力，不仅是对其职业能力的提升，更是对高等教育质量的整体提高。通过培训，教师可以更好地理解和应用数字化工具，将这些工具与课程内容深度融合，从而创造出富有吸引力的教学环境。在信息时代，知识的获取和传递方式已经发生了翻天覆地的变化。学生不再满足于传统的课堂讲授方式，他们渴望更加生动、直观、具互动性的学习体验。因此，教师需要具备整合各种数字化教学资源的能力，将文字、图像、音频、视频等多种元素融合在一起，构建出丰富多彩的教学内容。

2. 利用先进的教学管理系统，实现对教学过程的实时监控和数据分析

在高等教育中，教学管理系统的运用对于提高教学管理水平和教学质量具有重要意义。通过先进的教学管理系统，可以实时监控教学过程，及时发现问题并进行调整，从而确保教学的顺利进行。同时，教学管理系统的实时监控功能，可以让教学管理人员随时掌握教师的教学情况和学生的学习进度。通过监控课堂出勤率、学生互动次数、作业完成情况等数据，可以及时发现学生的学习困难和教师的教学问题，从而采取相应的措施进行干预。这种实时监控不仅可以提高教学效率，还能确保每一位学生都能得到足够的关注和

帮助。此外，教学管理系统的数据分析功能也为教学决策提供了有力的支持。系统可以对教学过程中收集到的数据进行深入挖掘和分析，发现教学过程中的规律和趋势。这些分析结果可以为课程设置、教学方法改进、教学资源配置等提供科学依据，从而提高教学的针对性和实效性。通过利用先进的教学管理系统，高等教育机构可以更加全面地了解教学过程和学生的学习情况，为教学改进提供有力的数据支撑。这不仅有助于提高教学管理效率，更能确保教学质量，培养出更多符合社会需求的高素质人才。教学管理系统的应用，无疑是推动高等教育现代化的重要手段之一。在当今数据驱动的时代，利用教学管理系统进行数据收集与分析已经成为高等教育不可或缺的一部分，不仅能够记录学生的学习轨迹和成绩变化，还能对教师的教学行为和效果进行量化评估。通过这些数据，高等教育机构可以更加精确地了解教学的实际情况，发现存在的问题和潜在的改进空间。更为重要的是，教学管理系统的数据分析结果可以为教育决策提供有力的依据。例如，通过对学生学习数据的分析，可以发现哪些课程或知识点是学生普遍的薄弱环节，从而有针对性地加强这些方面的教学内容。

（三）适应时代发展和教育变革的必然要求

1. 数字化技术在高等教育中的发展现状

高等教育作为培养高素质人才的重要基地，必须紧跟时代步伐，积极推动数字化教学内容的创新与整合，以适应未来社会的需求和发展。目前，数字化技术在高等教育中的应用已经取得了一定的成果。例如，在线课程、数字化图书馆、虚拟实验室等数字化教学资源的建设，为学生提供了更加丰富、多样的学习资源；多媒体教学、虚拟现实教学等数字化教学手段的应用，使得教学过程更加生动、形象，提高了学生的学习兴趣和学习效果；数字化教学管理系统的应用，实现了教学管理的信息化和智能化，提高了教学管理的效率和水平。

2. 数字化技术在高等教育中的应用前景

随着信息技术的不断发展和普及，数字化技术将在高等教育中得到更加广泛和深入的应用。未来，数字化技术将为高等教育提供更加丰富、多样的教学资源，例如在线课程、数字化图书馆、虚拟实验室等。这些教学资源将更加注重个性化和差异化，满足不同学生的学习需求。而且，数字化技术将为高等教育提供更加多样化、生动形象的教学手段，例如虚拟现实教学、增强现实教学、人工智能教学等。这些教学手段将更加注重学生的体验和参与，提高学生的学习兴趣和学习效果。并且，数字化技术将为高等教育提供更加完善、智能的教学管理系统，实现教学管理的信息化和智能化。这些教学管理系统将更加注重数据的分析和应用，为教学决策提供更加科学、准确的依据。

二、高等教育数字化教学内容创新原则

（一）以学生为中心

1. 以学生为中心，尊重个性化学习需求

数字化技术的快速发展，使得高等教育能够更加精准地满足学生的个性化需求。通过智能分析学生的学习数据和兴趣偏好，教师可以为学生提供更加贴合其学习特点和需求的教学内容。例如，利用大数据分析技术，教师可以根据学生的历史学习记录和成绩，为其推荐相关的学习资源和课程，从而帮助学生更好地掌握知识和提高学习效果。传统的课堂教学往往采用"一刀切"的教学方式，难以充分照顾到每位学生的个性化需求。而数字化教学则可以通过多媒体、互动教学等方式，为学生提供更加生动、有趣且具有针对性的学习体验。学生可以根据自己的学习进度和兴趣，自主选择学习内容和方式，从而更好地发挥自己的主观能动性和创造性。此外，以学生为中心的教学理念还要求高等教育关注学生的全面发展。数字化教学内容的创新，不仅要注重知识的传授，更要关注学生的能力培养和素质提升。通过设计具有挑战性和探索性的学习任务，激发学生的创新思维和解决问题的能力，培养学生的批判性思维和终身学习的习惯。在数字化教学内容创新的过程中，以学生为中心的理念是贯穿始终的核心思想。它要求高等教育机构充分利用数

字化技术的优势，尊重学生的个性化学习需求，提供多样化的教学形式和资源，促进学生的全面发展。此外，在高等教育中践行以学生为中心的教学理念，还需要教师转变传统的教学观念，从以教师为中心转向以学生为中心。通过数字化技术的辅助，教师可以更好地洞察学生的学习情况，及时调整教学内容和方法，确保每位学生都能在最适合自己的学习环境中获得成长。

2. 培养批判性思维、创新能力和实践能力

在数字化教学内容创新中，以学生为中心意味着满足学生的个性化学习需求，更重要的是培养学生的批判性思维、创新能力和实践能力。这些能力是当今社会和未来职场所必需的，也是高等教育的重要培养目标（见图3-1）。教师可以通过设计具有争议性的话题或案例，引导学生进行深入分析和讨论，锻炼学生的批判性思维。同时，利用数字化工具，例如在线论坛或虚拟实验室等，鼓励学生自主探究和发现问题，进一步培养学生的思辨能力。创新能力是推动社会进步和发展的重要因素。高等教育应通过数字化教学内容的创新，激发学生的创新意识和创造力。例如，引入创新项目或创业实践课程，让学生在实际操作中体验创新的乐趣和挑战。此外，教师还可以利用数字化平台，分享创新案例和前沿科技动态，拓宽学生的视野，激发学生的创新灵感。实践能力是学生将所学知识转化为实际行动的关键。数字化教学内容的创新应注重培养学生的实践操作能力。教师可以通过模拟实验、项目实践等方式，让学生在数字化环境中进行实践操作，提升学生的动手能力。

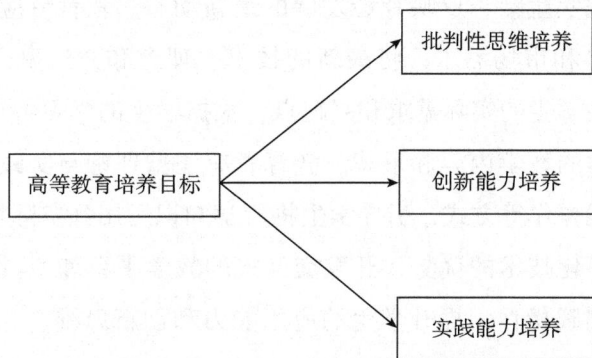

图3-1　高等教育的重要培养目标

同时，高等教育机构还可以与企业合作，为学生提供实习和实践机会，让学生在实际工作环境中锻炼实践能力。

（二）实用性

1. 实用性在数字化教学内容创新中的核心地位

传统的教育模式往往过于注重理论知识的灌输，而忽视了知识与实际应用的联系。而数字化教学内容的创新，就是要打破这种固有模式，将理论知识与实际应用相结合，让学生在学习的过程中感受到知识的价值和意义。通过引入实际案例、模拟真实场景等方式，数字化教学内容可以让学生更直观地理解知识，更深入地掌握技能，从而更好地适应未来社会的需求。实用性还强调对学生实践能力的培养。实践是检验真理的唯一标准，也是提升学生综合素质的有效途径。数字化教学内容的创新，应该着重设计能够锻炼学生实践能力的环节和活动。例如，可以开发基于项目的课程，让学生在解决问题的过程中学习知识、提升能力；也可以利用虚拟现实等技术，为学生创造更多的实践机会和场景。通过这些实践活动，学生可以更好地将理论知识转化为实际操作能力，为未来的职业发展打下坚实的基础。

2. 紧密结合实际，强化知识的应用与实践能力培养

在数字化教学内容的创新过程中，紧密结合实际，强化知识的应用与实践能力的培养，是提升教育实用性的重要途径。紧密结合实际，意味着教学内容应来源于现实生活，反映社会发展的最新动态。教育者应深入调研，了解行业发展趋势和市场需求，将最新的技术、理念和方法融入教学内容中。同时，还应关注学生的实际需求和兴趣点，根据学生的学习特点和职业规划，设计更具吸引力的教学内容和形式。教育者应注重理论与实践的结合，通过案例分析、实践操作等方式，引导学生将所学知识运用到实际场景中。此外，还可以利用数字化技术的优势，开发交互式的教学平台和工具，让学生在模拟环境中进行实践操作，提升学生的应用能力和创新思维。并且，教育者应设计多样化的实践活动，如实验、实训、项目合作等，让学生在参与中锻炼自己的实践能力。同时，还应建立完善的评价机制，对学生的实践成果进行

客观、全面的评价，以激励学生不断提升自己的实践能力。

（三）整合性

1. 整合性在数字化教学内容创新中的重要作用

在数字化教学内容创新的进程中，整合性作为一种核心理念，强调不同学科、不同领域之间的知识融合与交叉，旨在打破传统学科壁垒，构建跨学科的知识体系。整合性的实现要求教育者具备跨学科的视野和思维方式，教育者应当跨越传统学科的界限，将不同领域的知识进行有机融合，形成新的知识点和教学内容。例如，在理工学科的教学中，可以融入人文社会科学的理论和方法，使学生能够从更广阔的视角理解和解决问题。在人文学科的教学中，也可以引入自然科学的技术和工具，提升研究的深度和广度。为了实现整合性，数字化教学平台的建设也至关重要。高效、便捷的教学平台能够汇聚各类教学资源，为师生提供丰富多样的学习材料和支持服务。通过平台的建设，教育者可以方便地获取和分享教学资源，学生可以随时随地进行自主学习和协作学习。此外，平台还可以提供数据分析、学习进度跟踪等功能，帮助教育者更好地了解学生的学习情况，优化教学方案。不同学科背景的教师可以在平台上共享教学资源、交流教学经验，从而相互启发、共同进步。学生也可以在平台上进行跨学科的交流和合作，拓展自己的知识视野和人际交往能力。

2. 构建跨学科知识体系与高效教学平台，促进数字化教学内容的整合性

在数字化教学内容创新中，整合性不仅体现在知识层面的融合与交叉方面，更在于构建高效、便捷的教学平台和学习环境，以支撑跨学科的知识体系。而跨学科知识体系的构建是整合性的核心。这需要教育者具备深厚的学科素养和跨学科的视野，能够识别和挖掘不同学科之间的内在联系和潜在价值。通过梳理和整合不同领域的知识，教育者可以设计出更具综合性和创新性的教学内容，帮助学生在掌握专业知识的同时，也能拓宽自己的知识视野和思维方式。其中，高效、便捷的教学平台是实现整合性的重要工具。这样的平台应具备强大的资源整合能力，能够汇聚各类教学资源，包括文字、图

片、视频、音频等多种形式的信息资源。同时，平台还应提供灵活多样的教学工具和功能，如在线学习、互动交流、作业提交与批改等，以满足不同学科的教学需求。而且，学习环境应当是一个开放、包容、互动的空间，能够激发学生的学习兴趣和主动性。通过提供个性化的学习路径和资源推荐，平台可以帮助学生更好地规划自己的学习进程，提高学习效果。同时，平台还可以通过数据分析和学习进度跟踪等功能，为教育者提供反馈和建议，帮助教师优化教学方案和提高教学质量。

三、高等教育数字化教学内容整合方法

（一）基于在线学习平台的数字化教学内容整合

1. 在线学习平台与高等教育数字化教学内容的深度融合

在线学习平台作为高等教育数字化的重要载体，正日渐成为整合和优化教学内容的关键工具。这一平台凭借其强大的技术支撑和灵活的应用方式，为高等教育内容的数字化整合提供了广阔的空间。在平台上，教师可以轻松地上传、管理和分享各类教学资源，如电子课件、在线视频、学术文献等，从而实现教学资源的最大化利用和高效传播。数字化教学内容的整合不仅是将传统的教学内容简单地转化为电子形式，更是通过在线学习平台的功能，对教学内容进行深度的重新设计和优化。例如，教师可以利用平台的交互性，设计丰富多样的在线学习活动，如小组讨论、在线测试、模拟实验等，以提升学生的学习兴趣和参与度。同时，平台的大数据分析能力，还能帮助教师精准把握学生的学习进度和效果，及时调整教学策略，实现个性化教学。此外，学生不再受限于固定的上课时间和地点，可以随时随地访问平台进行学习，极大地提高了教学资源的利用效率。通过与全球各地的高等教育和教师进行合作，平台还能汇聚世界各地的优质教学资源，为学生提供更为丰富和多元的学习选择。在线学习平台与高等教育数字化教学内容的深度融合，是高等教育信息化的必然趋势。它不仅改变了传统的教学方式，也为高等教育注入了新的活力和可能性。通过这一平台，高等教育能够更好地适应数字化

时代的需求，培养出更多具备创新精神和实践能力的高素质人才。

2. 在线学习平台在提升高等教育数字化教学内容质量与效果中的作用

通过在线学习平台，高等教育机构能够系统地整合和优化各类教学资源，确保教学内容的时效性、准确性和完整性。这种整合不仅涵盖了文字、图片、视频等多种形式的教学材料，还包括了在线作业、测验、讨论等互动环节，从而极大地丰富了教学内容的表现形式和传播途径。利用在线学习平台，教师可以根据学生的学习数据和反馈，对教学内容进行动态的调整和优化。例如，通过分析学生在平台上的学习行为，教师可以发现学生学习的难点和兴趣点，进而有针对性地改进教学内容和方法。这种数据驱动的教学模式，不仅提高了教学的精准度，也有效地提升和加强了学生的学习体验和效果。此外，在线学习平台还为高等教育机构提供了一个开放、共享的教学资源环境。在这个环境中，不同教师、学院甚至学校之间可以更方便地共享和交流优质的教学资源，从而促进了教学内容的创新和提升。这种跨地域、跨学科的资源共享，不仅拓宽了教师和学生的视野，也为高等教育的均衡发展提供了有力的支持。

（二）数字化教学内容与传统教学内容的融合策略

1. 高等教育数字化教学内容与传统教学内容的互补融合

在高等教育领域，数字化教学内容与传统教学内容各有其优势，二者的融合是推动教育现代化的必然趋势。数字化教学内容以其灵活、便捷、资源丰富等特点，为高等教育注入了新的活力；传统教学内容则以其深厚的历史积淀、系统的知识体系和严谨的教学方法，为高等教育提供了坚实的基础。因此，将数字化教学内容与传统教学内容相融合，既能发挥各自的优势，又能弥补彼此的不足，实现教学质量的全面提高。传统教学内容往往注重知识的系统性和深度，但在教学形式和教学资源上相对单一。数字化教学内容则可以通过多媒体、网络等技术手段，将文字、图片、视频等多种形式的信息呈现给学生，使教学内容更加生动、形象、直观。例如，在历史学科中，可以利用数字化教学资源展示历史事件的场景和背景，帮助学生更好地理解历史事件的发展和影响；在生物学科中，可以利用数字化教学资源展示生物体的微观结构和生命进程，增强学生的直观感受和认知能力。同时，每个学生的学习特点和需求都是不同的，传统教学内容很难满足所有学生的个性化需求。而数字化教学内容可以通过智能推荐算法，根据学生的学习历史、兴趣偏好等信息，为其推荐个性化的学习资源和学习路径，帮助学生更好地规划自己的学习进程，提高学习效果。此外，数字化教学内容的引入并不意味着对传统教学方法的完全颠覆，而是要与传统教学方法相结合，形成优势互补。教育者应充分利用数字化教学平台的功能，与学生进行在线交流、答疑解惑，及时了解学生的学习情况和反馈意见，以便调整教学策略和优化教学内容。同时，学生也应积极参与到数字化教学中来，利用数字化教学资源进行自主学习和协作学习，提升自己的学习能力和综合素质。

2. 高等教育数字化教学内容与传统教学内容的深度融合与创新

深度融合的关键在于对教学内容的重构和教学方法的创新。传统教学内容往往以教材为中心，注重知识的传递和记忆；数字化教学内容则更加注重知识的应用和创新能力的培养。因此，在融合过程中，教育者需要重新审视和梳理教学内容，将数字化教学资源与传统教学内容进行有机结合，形成新的教学体系和教学模式。例如，在文学课程中，教育者可以利用数字化教学资源构建虚拟文学场景，让学生在虚拟环境中进行角色扮演和文学创作；在数学课程中，教育者可以利用数字化教学资源进行数学模型的模拟和实验，帮助学生更好地理解数学原理和应用。这些创新性的教学方法不仅可以激发学生的学习兴趣和积极性，还可以培养学生的实践能力和创新精神。除了教学方法的创新外，深度融合还注重教学环境的营造和师生角色的转变。数字化教学平台为师生提供了一个开放、互动、协作的学习环境，教育者需要充分利用这一环境优势，引导学生进行自主学习和协作学习。同时，教育者也应从传统的知识传授者转变为学习引导者和促进者，关注学生的个体差异和学习需求，提供个性化的指导和支持。此外，深度融合还需要不断探索和实践。数字化教学内容与传统教学内容的融合是一个持续发展的过程，需要教育者不断总结经验、反思问题、改进方法。通过不断的实践和创新，推动高等教育数字化教学内容与传统教学内容的深度融合向更高层次发展。

第二节　数字化教学资源的开发与利用

一、数字化教学资源开发的必要性

（一）适应现代教育发展趋势

1. 数字化教学资源在高等教育中的应用与优势

数字化教学资源，如电子教材、在线课程、虚拟实验室等，不仅为学生提供了丰富多样的学习内容，还打破了时间和空间的限制，使学生能够随时随地进行学习。在高等教育领域，这种资源的出现极大地提升了教学的灵活性和便捷性。通过数字化教学资源，教师可以轻松地将最新的研究成果、案例和数据融入到教学内容中，保持课程的时效性和前沿性。同时，这些资源还能帮助学生更好地理解抽象的理论知识，例如，通过三维模型、动画演示等方式，将复杂的概念和过程直观地呈现出来，降低学习难度，提高学习兴趣。此外，传统的课堂教学往往以教师讲授为主，学生被动接受知识。而数字化教学资源则鼓励学生主动参与，通过在线讨论、小组合作、互动测试等方式，激发学生的学习兴趣和创造力，培养学生的自主学习和协作能力。不仅如此，数字化教学资源还为高等教育评估提供了更为便捷和准确的方式。教师可以通过在线作业、测验和考试等系统，及时了解学生的学习情况和问题，从而进行有针对性的指导和帮助。这种即时的反馈机制有助于提升教学效果，确保学生全面掌握所学知识。

2. 数字化教学资源与高等教育未来发展趋势的结合

随着技术的不断进步，教学资源将更加智能化、个性化，为高等教育带来前所未有的变革。数字化教学资源将与人工智能、大数据等技术深度融合，实现对学生学习行为的精准分析和预测。通过收集学生的学习数据，教育机构能够更准确地评估学生的学习效果，为学生提供定制化的学习路径和资源推荐。这种个性化的教学方式将极大地提高和提升学生的学习效率和质量。

同时，数字化教学资源还将推动高等教育的国际化进程。通过在线课程和平台，全球各地的学生可以轻松地获取到世界一流大学的教学资源，打破地域限制，实现教育资源的全球共享。这有助于培养具有国际视野和竞争力的人才。此外，数字化教学资源还将促进高等教育的产学研结合。通过与企业、研究机构的合作，高等教育可以更加紧密地联系实际应用和产业需求，培养更多符合社会需要的高素质人才。这种产学研一体化的教学模式有助于提升高等教育的社会价值和影响力。

（二）丰富教学手段

1. 数字化教学资源丰富教学手段的多样性

传统的黑板加粉笔的教学方式在信息呈现的多样性和互动性上存在局限性。数字化教学资源的出现，如视频、音频、动画等多媒体元素，使得教学手段变得更加丰富多彩。教师可以根据学生的年龄特点和学科需求，选择合适的教学资源来辅助教学。例如，在科学课上，通过展示生动的动画视频，可以让学生更直观地理解复杂的科学原理；在历史课上，通过播放历史事件的影音资料，可以让学生更深入地感受历史的魅力。除了多媒体元素的应用，数字化教学资源还包括各种在线学习平台和模拟软件，这些工具为实践教学提供了更多的可能性。教师可以通过这些平台和软件，引导学生进行自主学习、协作学习和项目式学习，从而培养学生的自主学习能力、团队协作能力和问题解决能力。这种多样化的教学手段，使得教学不再局限于传统的讲授式，而是可以根据学生的需求和兴趣进行个性化的教学安排。

2. 数字化教学资源助力教学手段的互动性提升

借助数字化教学资源，如在线学习平台、交互式软件等，教师可以设计更具互动性的教学活动。例如，利用在线投票系统，教师可以即时了解学生对某个问题的看法，从而调整教学内容和策略。学生也可以通过这些平台进行实时的提问、讨论和分享，形成一个动态、开放的学习环境。此外，数字化教学资源中的多媒体元素，如视频、音频和动画，也能有效提升学生的参与度。这些元素以其直观、生动的特点，吸引了学生的注意力，激发了学生的好奇心和探索欲。在这种环境下，学生不再是被动的接受者，而是主动的学习者和探索者。值得一提的是，数字化教学资源还为远程教学和在线辅导提供了可能。通过视频会议、在线聊天等工具，教师和学生可以在不同的地点进行实时的交流和互动。这种教学方式不仅灵活便捷，还能让更多的学生享受到优质的教育资源。

二、数字化教学资源有效开发

（一）数字化教学资源的类型

在高等教育领域，数字化教学资源扮演着举足轻重的角色，它们以其独特的优势，为教学和学习提供了前所未有的便利与可能性。这些资源不仅丰富多样，还涵盖了各个学科领域，为教育工作者和学生们提供了一个广阔的知识宝库。数字化教学资源的类型多种多样，其中最为常见的是电子教材。这些教材以数字化形式呈现，通常包含文字、图片、音频和视频等多种元素，使得学习内容更加生动、直观。电子教材不仅方便学生随时随地进行学习，还可以通过超链接、注释等功能，为学生提供更加深刻的学习体验。此外，电子教材还可以根据学科发展和最新研究成果进行实时更新，确保教学内容的时效性和准确性。除了电子教材，数字化教学资源还包括在线课程。这些课程通常由专业的教育机构和教师团队精心制作，内容涵盖了从基础知识到专业技能的各个方面。在线课程具有灵活性和自主性的特点，学生可以根据自己的学习进度和兴趣选择合适的课程进行学习。同时，在线课程还提供了丰富的互动环节，如在线讨论、作业提交和测试等，使得学习过程更加有趣和高效。此外，数字化教学资源还包括各类数据库和学术资源平台。这些平台提供了海量的学术文献、期刊论文、研究报告等资源，为教师和学生提供了便捷的学术支持。通过这些平台，教师可以轻松地获取最新的研究成果和教学方法，而学生则可以深入了解学科前沿动态，拓宽自己的知识视野。此外，互动式教学软件也是数字化教学资源的重要组成部分。这些软件通过游戏化设计、智能评估等功能，激发学生的学习兴趣和积极性。同时，它们还能够根据学生的学习情况和反馈进行个性化教学调整，提高教学效果和学习质量。图 3-2 展示了数字化教学资源的主要涵盖内容。

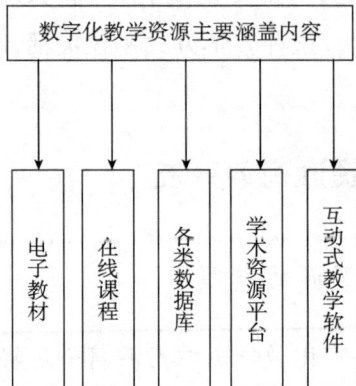

图 3-2   数字化教学资源的主要涵盖内容

（二）数字化教学资源的开发流程

1. 高等教育数字化教学资源的规划与设计

高等教育数字化教学资源的开发，起始于详尽的规划与精准的设计。这一阶段，是确保教学资源质量、实用性和教育价值的关键。在规划阶段，需要明确教学资源的目标受众、使用场景以及预期的教学效果。这要求开发者对教育市场的需求和高等教育的教学特点有深入的理解，从而能够定位出最适合的数字化教学资源类型和内容。设计环节则更为具体，它涉及教学内容的选择、知识结构的搭建、交互方式的设计等多个方面。教学内容的选择应基于课程目标，筛选出核心知识点，确保资源的针对性和实效性。知识结构的搭建要注重逻辑性，使学生能够循序渐进地掌握知识，形成系统的学习体系。而交互方式的设计，则是为了提升学生的学习兴趣，通过丰富的互动形式，如测试、模拟、讨论等，来增强和提升学生的参与感和实践能力。此外，规划与设计中还不能忽视教学资源的可视化呈现。这代表设计人员应选择合适的图文、视频、动画等多媒体元素，以直观、生动的方式展现教学内容，帮助学生更好地理解和记忆。同时，还要考虑到不同学生的学习风格和习惯，提供个性化的学习路径和资源选择，以满足多样化的学习需求。

2. 高等教育数字化教学资源开发注意事项

开发过程中，要根据设计文档进行界面的开发，创建对用户友好的交互界面，确保学生能够轻松上手并享受学习过程。同时，要注重教学资源的多媒体元素制作，如制作高质量的教学视频、动画演示等，以增加学生的学习体验。在技术实现上，开发团队需要选择合适的开发工具和技术框架，以确保教学资源的稳定性和兼容性。此外，还要考虑到教学资源的可扩展性和可维护性，以便在未来能够根据教学需求进行内容的更新和优化。除了技术实现，这一阶段还包括教学资源的内容填充和完善。这要求开发团队与教育专家紧密合作，确保教学内容的准确性、权威性和时效性。同时，要通过各种教学活动和练习题的设计，来巩固和检验学生的学习成果。在开发完成后，还需要进行严格的测试和优化工作。通过测试，可以发现并修复潜在的技术问题和内容错误，确保教学资源的品质。优化工作则旨在提升教学资源的性能和用户体验，使其更加符合学生的学习需求和习惯。

三、数字化教学资源在高等教育教学中的有效利用

（一）数字化教学资源在课堂教学中的应用

1. 数字化教学资源在高等教育课堂教学中的创新应用

数字化教学资源，如电子课件、在线视频、交互式模拟等，不仅极大地丰富了教学内容，还为教学方法的创新提供了广阔的空间。这些资源的应用，使得传统的课堂教学模式得以突破，学生的学习体验也因此得到了前所未有的增加。在高等教育课堂中，数字化教学资源的应用为教师提供了更多的教学手段。教师可以通过电子课件展示复杂的概念和图表，使得抽象的理论知识变得直观易懂。在线视频则可以用来展示实验过程、历史事件或实际案例，让学生在课堂上就能接触到真实世界的应用场景。这些资源的即时性和互动性，大大提高了学生的学习兴趣和参与度。更为重要的是，教师可以根据学生的学习进度和理解能力，灵活调整教学资源的难度和呈现方式。对于基础

薄弱的学生，教师可以通过提供更多的基础知识和辅导材料来帮助学生夯实基础；对于学有余力的学生，教师则可以引导学生探索更深入、更前沿的知识领域。此外，数字化教学资源还为高等教育课堂的翻转教学、混合式教学等新型教学模式提供了有力支持。学生可以在课前通过在线资源预习新知识，课堂上则更多地进行讨论、实践和问题解决。这种教学模式的转变，不仅提高了教学效率，还培养了学生的自主学习能力和批判性思维。

2. 数字化教学资源对高等教育课堂教学质量的提升

数字化教学资源在高等教育课堂教学中的应用，对教学质量产生了深远的影响。这些资源不仅丰富了教学内容，还提高了教学的精准度和效率，从而显著提高了教学质量。通过数字化教学资源，教师可以更加清晰地展示知识点，使学生能够更深入地理解和掌握所学内容。例如，教师可以通过高清图片、三维模型或动画来展示复杂的科学原理或工程结构，让学生直观地看到难以用语言描述的概念和过程。这种直观的教学方式不仅降低了理解的难度，还提高了学生的学习兴趣和积极性。同时，教师可以通过在线测试、问卷调查等方式，及时了解学生的学习情况和问题所在，从而调整教学策略，更好地满足学生的学习需求。这种精准的教学反馈机制，有助于教师及时发现问题并改进教学方法，进一步提高教学质量。此外，数字化教学资源还促进了学生之间的交流与合作。通过在线讨论区、协作工具等平台，学生可以随时随地与同学、老师进行交流，分享学习心得和解决问题的方法，有助于激发学生的创新思维和批判性思维。

（二）数字化教学资源在课外学习中的应用

1. 数字化教学资源在高等教育课外学习中的普及与优势

在当今数字化时代，高等教育不再局限于传统的课堂教学，而是拓展到了课外学习的广阔领域。数字化教学资源以其独特的优势，为学生提供了更加便捷、高效的学习方式，极大地丰富了课外学习的内容与形式。数字化教学资源的普及，得益于信息技术的普及和互联网的发展。无论是电子图书、在线课程，还是模拟实验、交互式教学软件，都为学生提供了丰富的课外学习资源。学生只需通过互联网，便能随时随地获取所需的学习资料，打破了传统学习的时间和空间限制。这种普及体现在资源的数量上，更体现在资源的质量和多样性上。数字化教学资源不仅涵盖了各个学科领域的基础知识，还包含了前沿的研究成果和实践应用案例，为学生提供了更为全面、深入的学习体验。而且，数字化教学资源具有高度的互动性和个性化。学生可以根据自己的学习需求和兴趣，选择适合自己的学习内容和方式，进行个性化的学习安排。同时，通过互动式教学软件，学生可以与教师、同学进行实时交流，共同探讨问题，提高学习效果。并且，随着学科领域的发展，新的研究成果和教学方法不断涌现，数字化教学资源能够及时反映这些变化，为学生提供最新的学习资料和方法。此外，数字化教学资源还具有共享性和可重复利用性，可以被多个学生同时使用，提高了资源的利用效率。

数字化教学资源的优势与普及，为高等教育课外学习带来了新的发展机遇。它不仅能够提高学生的学习效果和兴趣，还能够培养学生的自主学习能力和创新思维能力。同时，数字化教学资源的应用也促进了高等教育与信息技术的深度融合，推动了教育教学的改革与创新。

2. 数字化教学资源在高等教育课外学习中的创新

在创新方面，数字化教学资源为高等教育课外学习提供了更为丰富多样的学习方式。例如，通过虚拟现实技术，学生可以在课外时间模拟真实的实验环境，进行实践操作和探究学习；通过大数据分析，教师可以根据学生的学习行为和反馈，精准推荐个性化的学习资源和学习路径；通过人工智能辅助教学，学生可以获得更加智能化的学习指导和反馈。这些创新方式不仅提高了学生的学习效率和兴趣，更拓展了课外学习的边界和可能性。而且，许多高等教育和教师积极探索数字化教学资源的应用模式和方法，将其融入课外学习中。教师利用数字化教学资源开展线上辅导、组织在线讨论、布置课外作业等，使课外学习成为课堂教学的重要补充和延伸。同时，学生也积极参与到数字化教学资源的应用中，利用这些资源进行自主学习、合作学习和探究学习，取得了良好的学习效果。这不仅提高了课外学习的质量和效率，更推动了教育教学的现代化进程。

第三节　数字化技术对教学内容改革的影响

一、高等教育教学内容改革的必要性

（一）适应社会对人才需求的变化

1. 社会对人才需求变化的趋势及其影响

传统的知识传授型教育模式，已难以满足现代社会的多元化需求。在这个信息爆炸的时代，单一的专业知识已不再是评价人才的唯一标准，创新能力、实践能力、团队协作能力、批判性思维以及持续学习的能力，正逐渐成为衡量人才价值的新尺度。在这过程中，高等教育不再仅仅是知识的灌输和传承，而更多的是承担起培养具有创新精神和实践能力的高素质人才的重任。教学内容需要与时俱进，紧跟时代的步伐，不断调整和优化，以适应社会对人才需求的快速变化。教学方法和手段也需要不断创新，打破传统的束缚，引入更多元化的教育元素，以激发学生的创造力和潜能。同时，社会对人才需求的变化也对学生的自我发展提出了新的要求。学生不仅需要掌握扎实的专业知识，还需要具备自主学习、自我管理和自我发展的能力，不断学会在变化中寻求机遇，在挑战中不断成长，以适应未来社会的多样化需求。

2. 高等教育教学改革以适应社会对人才需求的变化

高等教育应该根据社会的发展趋势和行业需求，调整和优化课程设置，注重理论与实践的结合，加强对学生创新能力和实践能力的培养。同时，应该引入跨学科的知识，培养学生的综合素养和批判性思维能力，以适应未来社会的复杂性和不确定性。而且，高等教育应该打破传统的单向灌输式教学，引入更多元化的教学方法，如案例教学、项目教学、实验教学等，以激发学生的学习兴趣和积极性。同时，应该充分利用现代信息技术手段，如在线教育、虚拟实验等，为学生提供更加丰富的学习资源和更加便捷的学习方式。此外，高等教育应该积极与企业、行业和社会各界建立合作关系，共同制定

人才培养方案和课程设置，为学生提供更多的实践机会和就业渠道。同时，高等教育也应该加强对学生职业规划的指导，帮助学生更好地了解社会需求和行业发展趋势，制定符合自身特点的职业规划和发展路径。

（二）利用数字化技术提升教学效果

1. 高等教育教学内容的改革与人才培养

以往高等教育偏重于知识的传授，学生通过系统的学习，掌握了一门或多门学科的基础理论和知识。而在数字化的今天，单纯的知识积累已经不能满足社会对人才的期望。高等教育的教学内容亟须改革，以适应新时代对人才的多元化需求。现代社会所需要的人才要有深厚的专业素养，更要具备跨学科的综合知识和实践能力。这就要求高等教育的教学内容不再局限于传统的学科知识，而应该融入更多与实践相结合的元素，如项目式学习、实习实训等。通过这些实践活动，学生可以将在课堂上学到的理论知识应用到实际工作中，从而加深对知识的理解，并培养解决实际问题的能力。而且，在传统的教学模式中，学生往往只是被动地接受知识，而在新的教学理念下，学生需要被鼓励去主动探索、发现问题并寻求解决方案。此外，高等教育应通过组织各种团队项目和集体活动，让学生在实践中学会与他人沟通、协作，培养学生的团队协作精神。

2. 高等教育如何适应社会对人才需求的变化

高等教育作为人才培养的摇篮，必须敏锐地捕捉到这些变化，并做出相应的调整，以确保所培养的人才能够紧跟时代的步伐，满足社会的需求。面对社会对人才需求的多样化，高等教育的教学内容应当更加灵活和全面。传统的学科划分需要被打破，取而代之的应是跨学科的综合课程设置，这样可以帮助学生建立更为全面的知识体系，培养学生的综合素养。同时，教学方法也应从以教师为中心转向以学生为中心，充分发挥学生的主观能动性，培养学生的自主学习能力和创新精神。实践教学是高等教育适应社会需求的另一个重要方面。通过校企合作、产学研结合等方式，可以让学生在校期间就能接触到实际的工作环境，了解行业的最新动态，从而更好地将理论知识与实践相结合。这种教学模式不仅能够提升学生的实践能力，还能为学生的职业发展奠定坚实的基础。同时，每个学生都有自己的兴趣和特长，高等教育应该提供多样化的课程和活动，让学生有更多的选择空间，以发挥学生的潜能和才华。

二、数字化技术对高等教育教学内容改革的促进作用

（一）丰富教学内容

1. 数字化技术助力教学内容的丰富与提升

数字化技术不仅改变了传统的教学方式，还为教师提供了更加丰富、多样的教学资源，使得教学内容的广度和深度都得到了显著提升。例如，通过电子书籍，教师可以轻松地获取到海量的知识信息，不再局限于传统的纸质教材。这些电子书籍涵盖了各种学科领域，为教师提供了更多的选择空间，使学生能够根据自己的教学需求和学生的兴趣特点，精选合适的教学内容。此外，教师可以通过在线平台，引入国内外知名专家的课程，让学生接触到更前沿、更专业的知识。这些在线课程往往融合了多种教学手法，如图文、视频、动画等，使得抽象复杂的知识点变得更加生动易懂。学生在这种多样化的学习环境中，不仅能够更好地理解知识，还能提升对学习的兴趣和积极性。而且，多媒体资源也是数字化技术带来的一大教学利器。教师可以通过图片、音频、视频等多媒体形式，将知识以更直观、更形象的方式呈现给学生。这种教学方式不仅能够帮助学生更好地理解知识，还能培养学生的观察力和思维能力。例如，在生物学教学中，教师可以通过展示生动的生物图片和视频，让学生更直观地了解生物的结构和生活习性；在历史教学中，教师可以通过历史影像资料，让学生更深入地感受历史事件的现场氛围。

2. 数字化技术在教学内容创新中的应用

传统的教学内容往往受限于纸质教材和固定的课堂时间，而数字化技术则打破了这些限制，为教师提供了更多创新的空间。通过数字化技术，教师

可以轻松地整合各种教学资源，如电子书籍、在线课程和多媒体素材，从而构建出更加生动、立体的教学内容。这种创新的教学内容不仅能够吸引学生的注意力，还能激发学生的学习兴趣和动力。例如，在地理教学中，教师可以利用数字地图和虚拟现实技术，让学生仿佛置身于各地的自然景观和人文环境中，更加直观地感受地理知识的魅力。此外，每个学生都有自己独特的学习需求和兴趣点，教师可以通过数据分析，了解每个学生的学习特点和偏好，从而为学生量身定制合适的教学内容。在快速发展的社会中，新知识、新技术层出不穷，教学内容也需要与时俱进。通过数字化技术，教师可以及时获取最新的知识和信息，并将其融入教学中，确保学生始终能够接触到最前沿、最实用的知识。

（二）实现个性化教学

1. 数字化技术在个性化教学中的应用及其深远影响

数字化技术，以其强大的数据分析和处理能力，为个性化教学提供了有力支撑。通过精准的数据采集和深度分析，教师可以清晰地掌握每位学生的学习进度、兴趣爱好以及能力特点，进而有针对性地设计教学计划和内容，确保每位学生都能在最适合自己的条件下进行学习。传统的教学方式往往采用"一刀切"的方法，忽视了学生的个体差异。而数字化技术能够实时追踪学生的学习轨迹，记录学生的学习行为和反馈，为教师提供丰富的数据支持。教师可以利用这些数据，分析学生的学习特点和需求，制定个性化的教学策略。例如，对于进度较快的学生，教师可以提供更高层次的学习资源，以满足其深入学习的需求；而对于基础薄弱的学生，教师则可以注重基础知识的巩固和拓展，帮助学生逐步建立扎实的学习基础。此外，教师可以通过网络平台获取丰富的教学素材和案例，结合学生的学习特点进行选择和整合。同时，各种在线学习平台和工具也为学生提供了更加便捷的学习途径。学生可以根据自己的兴趣和需求，自主选择学习内容和方式，与教师和同学进行在线交流和互动，这有助于提高学生的学习兴趣和参与度，也能够增强学生的自主学习能力和创新思维。

2. 数字化技术在个性化教学中的创新实践

随着技术的不断进步和应用场景的拓展，数字化技术在个性化教学中的创新实践层出不穷，为教育教学带来了前所未有的变革。一方面，数字化技术为个性化教学提供了更多元化的学习路径和方式。借助人工智能、大数据等技术手段，教师可以根据学生的学习特点和需求，智能推荐个性化的学习资源和学习计划。学生可以根据自己的兴趣和进度，自由选择学习内容和方式，实现真正的自主学习和个性化发展。这种教学方式不仅提高了学生的学习兴趣和动力，也培养了学生的自主学习能力和创新思维。另一方面，数字化技术还为个性化教学提供了更加精准的教学评价和反馈机制。通过数据分析和挖掘，教师可以实时了解学生的学习情况和问题所在，及时调整教学策略和方法。同时，学生也可以通过数字化平台获得及时反馈和评估，了解自己的学习效果和不足之处，从而更好地调整自己的学习计划和方向。

第四章　数字化技术与高等教育教学方法的融合

第一节　在线教学与混合式教学模式

一、混合式教学模式与在线教学模式概述

（一）混合式教学模式的特征与作用

1. 混合式教学模式的特点

（1）教学方法与手段多样化

在现阶段的高等教育中，教学方法与手段已经远远超越了传统的课堂讲授和练习的框架，展现出更加丰富和多元的面貌。这种变革体现在课前、课中和课后的全方位活动设计上，实现了传统教学手段与现代化教学方法的深度融合。翻转课堂教学法、课堂讲授法、案例教学法、讨论教学法、任务驱动法以及拓展训练法等，已成为当今主流的教学方法。这些方法各具特色，例如，翻转课堂将学习的主动权交给学生，使学生在课前预习，课堂上则通过与教师和同学的互动交流深化理解；案例教学法则通过具体案例的分析，帮助学生将理论知识应用于实际情境中。在教学手段方面，多媒体教学已成为主导，而传统的讲授式教学则退居辅助地位。这种转变显著提升了教学的

直观性和互动性。例如,课前,教师可以通过线上平台发布预习材料,帮助学生提前了解课程内容,为课堂学习做好充分准备。课中,教师可以利用PPT(演示文稿软件)展示结合传统讲授,使知识点更加清晰易懂;通过案例分析结合实物展示,让学生更加直观地理解课程内容;提问互动与线上操作的结合,则能实时检验学生的学习效果,并激发学生的学习兴趣。翻转课堂等教学方式的应用,更是让学生在课堂上成为主角,积极主动地参与到学习中来。课后,教师可以通过线上平台进行答疑和作业辅导,及时解决学生在学习过程中遇到的问题,进一步巩固学生的学习效果。

(2)教学内容深刻化与拓展化

随着经济社会的飞速发展,课本上的纯理论知识已经难以满足学生对深层次、多维度知识的渴望。混合式教学模式的兴起,使得教学内容的深刻化与拓展化成为大势所趋。传统的教材内容往往局限于抽象的理论阐述,而现在则更加注重将理论与实际相结合。一个显著的变化是,教材中融入了更多与时俱进的案例,这些案例不仅丰富了教学内容,还为学生提供了将理论知识应用于实践的机会。学生通过对这些真实案例的深入研究,能够提升自身的综合分析能力、实际应用能力和创新能力,从而更好地理解和掌握专业知识。教学内容的拓展化则表现在从专业领域向通识教育的延伸。过去,高等教育往往过于强调专业知识的传授,而忽视了对学生综合素质的培养。如今,教学内容不仅关注专业知识,还从专业知识的逻辑体系中提炼出具有普遍适用性的能力和素养。这种转变旨在帮助学生构建完善的思维体系,培养正确的价值观,使学生能够在明确的方向和目标指引下,有效地学习和运用相关理论知识和专业技能。这一变革的最终目标是培养出具备高觉悟、高素质的新世纪人才。通过深刻化与拓展化的教学内容,学生不仅能掌握扎实的专业知识,还能拥有广泛的视野和深厚的素养,从而更好地适应复杂多变的社会环境,为未来的职业发展和个人成长奠定坚实的基础。这种教学内容的创新,不仅提高了高等教育的质量,也为社会的进步和发展注入了新的活力。

(3)考核方式数据化与双向化

在混合式教学模式下,考核方式正经历着一场数据化与双向化的革新。

这一变革得益于互联网平台的技术支持，使得教学活动与学习活动的量化与直观化成为可能。传统的以期中、期末考试为主的考核方式，由于其一次性评价的特点，已逐渐让位于更为全面、动态的过程性考核体系。新的考核方式呈现出双向性、分散性、可视化和全方位的特点，旨在更全面、更准确地反映教学效果和学习成果。这种考核方式不仅关注学生的最终学习效果，还注重对教师授课效果的考查，从而为教学调整与提升提供有力依据。借助线上教学平台，如超星、雨课堂等，教师能够轻松实现教学数据的统计与分析。这些平台将教师的授课行为和学生的学习行为以可视化的形式展现出来，使得教学效果一目了然。通过这种方式，教师和学生可以共同参与到课堂实效性的评价中来，形成了一种新颖的双向课堂实效性评价体系。在这种体系下，学生的每一次作业、每一次课堂互动、每一次在线学习都会被记录并分析，从而为教师提供更为精准的教学反馈。

2. 混合式教学模式的重要作用

（1）有利于提高教学效率

混合式教学模式的应用在高等教育中展现出了显著的优势，尤其是在提升教学效率方面。在这种模式下，教师的角色发生了转变，不再是传统课堂上单一的讲授者，而是成了学生学习过程中的引导者和辅助者。这一变化使得教学更加以学生为中心，紧密围绕学生的实际需求和学习特点来设计教学方案和流程。通过混合式教学模式，教师能够竭尽所能地激发学生的学习热情，提升学生在教学活动中的参与度。学生不再是被动地接受知识，而是能够主动思考、积极参与，从而实现更好的学习效果。这种教学模式让学生能够有更多的自主学习时间和空间，学生可以灵活利用碎片时间观看教学课件，通过视频、音频、图形、图像等多媒体元素更直观地理解知识，进而增强了对重点和难点知识的掌握。在这种新奇的教学模式下，学生普遍表现出了较高的学习兴趣和关注度。多媒体元素给予了学生强烈的感官刺激，让学生能够全身心沉浸在学习中，更好地理解和掌握知识。在遇到疑惑时，学生能够及时得到教师和同学的帮助，从而顺利突破学习瓶颈，走出思维误区。混合式教学模式的应用不仅提升了学生的学习兴趣和参与度，还显著提高了教学效率。相比于传统的耳提面命式教学，这种教学模式更加符合学生的学习特点，能够取得更加理想的教学效果。可以预见，随着混合式教学模式的广泛应用和不断完善，高等教育各专业的教学效率和教学质量必将迈上一个新台阶，为培养更多优秀人才奠定坚实基础。

（2）有利于教学效果的反馈

在过去的高等教育教学模式中，师生互动的机会往往十分有限，这导致教师对学生的实际学习情况了解不足。由于教学方法未能充分贴合学生的实际需求，因此难以激发学生的学习兴趣和提升其专注力。这种情况下，学生往往难以集中注意力，学习效率低下，造成教学资源的浪费，对教育教学工作的长期发展不利。混合式教学模式的引入，为高等教育教学改革注入了新的活力。通过摒弃传统的教学思路，该模式显著加强了教师与学生之间的互动。在教学过程中巧妙地融入问题，同时设置多元化的考核方式，使得高等教育教师能够更准确地把握学生的学习状态和知识掌握程度。基于对学生学习情况的深入了解，教师可以采用差异化教学策略，针对每个学生的特点和需求进行个性化指导。这有助于学生改正自身的不足，更能帮助学生制订科学的学习计划，巩固理论基础，完善知识体系。通过这种方式，混合式教学模式有效促进了学生的个性化发展，让每个学生都能在适合自己的学习之路上不断进步。

（3）有利于提高学生综合素质

混合式教学模式在高等教育中的应用，显著地推动了学生综合素质的提升。这一模式使教师能够将知识点转化为丰富多样的教学资源，供学生自主学习与探索。在课堂上，教师通过讨论、辩论及小组合作等活动方式，不仅有效地锻炼了学生的综合实践能力，还确保了学生能够灵活运用所学知识对问题进行深入剖析和快速解决。这种教学模式鼓励学生采用多元化的方法来探索知识，从而极大地拓宽了学生的思维视野。学生开始从更加全面的角度来看待问题，对客观事物有了更深入的理解。在这一过程中，学生能看到自己的明显进步，这不仅增强了学生的学习动力，还使学生的学习态度更加端正。当高等教育教学工作得到学生的广泛支持和积极参与时，整个教学面貌也随之焕然一新。学生在这种充满活力和创新的环境中学习，不仅有助于学生学术能力的提升，还对学生的个人成长和综合素质的全面提高产生了深远的影响。通过这种方式，高等教育更加贴近学生的实际需求，为学生的全面发展奠定了坚实的基础。

（二）在线教学模式的内涵

1. 在线教学模式的时空灵活性与资源共享

传统的实体课堂受限于固定的时间和地点，学生必须在规定的时间内到达教室进行学习。在线教学模式打破了这一束缚，使得学习可以随时随地进行。学生不再受地域和时间的限制，可以根据自己的时间表和节奏进行学习，这种灵活性极大地提高了学习的自主性和便利性。同时，在传统教育模式下，优质的教育资源往往集中在某些特定的学校或地区，而在线教学则将这些资源数字化，并通过网络平台进行广泛传播。这意味着，无论是身处城市还是乡村，学生都能够接触到同等质量的教育资源。这种资源的共享不仅有助于缩小教育资源的地区差距，还为更多人提供了平等接受优质教育的机会。

2. 在线教学模式的个性化学习与互动体验

在传统的课堂教学中，教师往往难以兼顾每个学生的学习需求和兴趣点，而在线教学平台则能通过数据分析和学习路径的个性化设计，为每个学生提供量身定制的学习方案。这种个性化的学习方式能够更有效地激发学生的学习兴趣，提高学生的学习效率和成果。此外，在线教学模式还为师生提供了更多元化的互动机会。通过在线讨论、小组合作、实时问答等功能，学生可以更加积极地参与到学习过程中，与教师和其他同学进行深入的交流和讨论。这种互动不仅有助于提升学生的沟通能力和团队协作精神，还能够促进学生对知识的深入理解和应用。在线教学模式的个性化学习和互动体验特点，共同为学生创造了一个更加生动、有趣且高效的学习环境。在这种环境下，学生不再是被动接受知识的容器，而是成为主动探索、积极建构的学习者。这种转变提升了学生的学习效果，更为学生的全面发展奠定了坚实的基础。同时，也为教师提供了更多创新教学方法和手段，有助于进一步提高教学质量和效果。

二、混合式教学模式与在线教学模式设计

(一) 高等教育混合式教学模式设计

1. 课前准备（课前教学活动辅助阶段）

（1）教师备课

教学资源准备。教师课前要给学习者提供具有时代特色、趣味特色、吸引力和创造力的资源（基础性知识资源、拓展性知识资源、整合性知识资源、课外延展性知识资源），如具有生活气息的案例和多种动画功能的 PPT，收集及录制的微视频、课前练习、相关知识网页链接等，并依托互联网教学平台，以案例分析、项目前期策划、PPT、网络题目引导、微视频、线上互动沟通等立体多样化呈现，给学习者预习参考，给学生打开知识大门。第一，精细化教学设计。课程教学的灵魂是教学设计，是决定授课质量最关键的一步。授课过程中需要把握教学环节的每一个步骤，知识结构需要合理的细化和循序渐进、由浅入深的整合及科学的授课引导安排。首先，教学单元目标分析。一门课程分若干单元，根据单元确定若干的教学目标，教学设计的出发点和落脚点就是明确教学目标，即学习者通过学习达到的能力目标；其次，教学内容分析。教学内容分析是进行教学设计的基础，需要注意知识点的整合与拓展，创造有吸引力和趣味性的学习情景，呈现丰富多样化的学习模式，以展示摆脱时间、空间限制的课程内容，以期更好地进行教学设计；最后，学习者一般特征分析。当代学生，都有自己的个性与特点，教师应适用当前学生特点，采用面对面沟通、课前测试、调查等形式，对学生的兴趣爱好、知识水平、学习需求、学习状态进行了解，从而对学生的内在需求、认知能力和所需的知识技能进行引导。第二，设计自主学习任务单。教师应根据前期的沟通与了解，对现有的兴趣爱好、技术水平等，设定"自主学习任务单"，包括课程的基本信息、生活应用案例、侧重点引导、案例细化、具体的实施步骤、学习反馈要素等内容。利用自主学习任务单，实现线下学习者预习的学习情况可控，促进学生自主学习。

（2）学生预习

在学习准备阶段，学习者会利用线上教学平台，参照"自主学习任务单"和提供的网络资源，自主完成预习任务。这一过程中，学生可以针对学习的重点和难点进行及时的了解与反馈。完成基础学习任务后，学习者还需进行相应的在线测试，以此检验自身的学习成果，并梳理遇到的疑难问题。在预习的过程中，学习者可以利用互联网教学平台上的留言板、贴吧、聊天室等交互工具，对疑难问题展开广泛的讨论和交流。同时，学生也可以借助 QQ、微信等新媒体平台，进行更深入的互动与探讨。这种多元化的交流方式，不仅有助于学习者及时解决学习中的困惑，还能有效提升学生的信息组织能力、信息加工能力以及交互沟通能力。通过这一预习过程，学习者可以更加明确自己的学习目标和方向，为接下来的课堂学习做好充分的准备。同时，学生的自主学习能力、问题解决能力以及团队协作能力也将得到显著的提升。

（3）"要素"互动

在教学活动中，无论是网络自学还是面授教学，互动都是至关重要的环节。人与资源、教师与学生、学生与学生之间的积极互动和沟通交流，是推动教学效果最大化的关键因素。对于教师与学生之间的互动，混合式教学模式提出了更高的要求，既需要教师的无私付出，也需要学生展现自主性。面对海量的网络信息，教师需要承担起梳理和引导的角色，为学生打开一个畅通无阻的学习通道。在这个过程中，教师可以借助互联网教学平台或其他新媒体工具，高效地引导学生进行知识脉络的探索和疑难问题的自由讨论。同样重要的是人与资源之间的互动。学习者可以充分利用网络平台，获取自身所需的各种知识资源，如书籍、教学课件、授课视频、电子文件以及测试题库等。这种互动方式打破了课本内容的限制，更能够丰富学生的知识面，帮助学生建立健全的知识体系。在这个意义上，互联网成了一个无比丰富的信息资源库，而人与资源的互动则应当贯穿于整个教育过程的始终。此外，学生与学生之间的互动也是不可或缺的。学生可以通过线上、线下的讨论、合作和分享，共同解决问题，拓宽彼此的视野。这种同伴间的互动不仅能够提升学习效果，还有助于培养学生的团队协作能力和社交技巧。

2. 授课阶段与总结反思

基于课前的导学准备，教师应有针对性地为学生提供辅导和指导，确保学生对关键内容有深刻的理解。在这一过程中，教师的身份不再仅仅是授课的执行者和组织者，而更多地转变为学生技能习得的规划者和引导者，同时，也成为学生学习过程中问题的倾听者。为了更好地贴近学生，教师应从学生的视角出发，思考如何有效地开展和实施课程。这要求教师在不同角色间灵活转换，如教师、导师、学生甚至是兄长，以建立起与学生更为紧密的联系。在教学方法上，也需要有所革新。传统的以语言传递为主的教学方式应逐渐让位于问题引导、师徒相长的模式。通过微视频、动画、讨论等多样化的教学手段，以互联网教学平台为媒介，教师可以借助问题组织学生进行团队式学习，从而激发学生的学习兴趣，提升学生的学习效果。学习过程的最后环节是归纳讨论，这实际上也是一种总结与反思。它不仅帮助学生巩固和提升所学知识，还能有效提高学习效率。学生通过总结反思，能更深入地理解和掌握原有知识点。同时，利用云端智能评价系统，学生可以实时获得学习反馈，随时监控自己的学习方法和策略是否得当，从而及时调整学习状态，确保学习的有效性。对于教师而言，总结反思同样具有重要意义。它能帮助教师及时发现教学过程中的优点和不足，更能促使教师不断优化教学过程，更新教学手段。通过持续的反思和改进，教师可以不断提升自己的教学水平，为学生提供更高质量的教育服务。

3. 评价阶段

在数字化教学的大背景下，学生的学习评价方式已经演变为"线上评价+线下评价"的综合模式。这种评价方式以形成性评价为主导，终结性评价为辅助，旨在更全面地评估学生的学习过程和成果。线上评价展现了其多样性和灵活性，涵盖了教师评价和学生评价两个层面。鉴于学生网上学习的积极参与，同伴互评（peer assessment）被积极引入，成了学生网上表现的重要参考。同伴之间的互相评价不仅提升了学生的参与度，也使得评价更为客观和全面。教师则可以根据学生的互动评价，结合自己的观察，给出科学的综合评价。这种评价方式强调及时性，主要以正面鼓励和互动为主，从而激发学生网上自主学习的积极性。为了进一步提升评价的准确性和效率，教师还可以采用专门的网上评价系统。通过设计一系列科学的评价指标，系统能够对学生的网上行为、任务完成情况、作品展示等进行实时有效的评价和反馈。在课堂评价环节，教师需要结合学生的线上学习数据，对学生进行激励性的形成性评价。这种评价可以通过语言描述或等级指标来实现，旨在肯定学生的进步，指出其需要改进的地方。值得一提的是，网上评价和课堂评价都应该被纳入期末的形成性评价体系中。为了确保评价的公正性和科学性，网上评价和期末的终结性评价之间需要设定一个合理的折算比例。这样，结合学生的日常学习表现和其他考核结果，教师就能对学生做出全面、客观、准确的终期综合评价。混合式教学过程设计如图4-1所示。

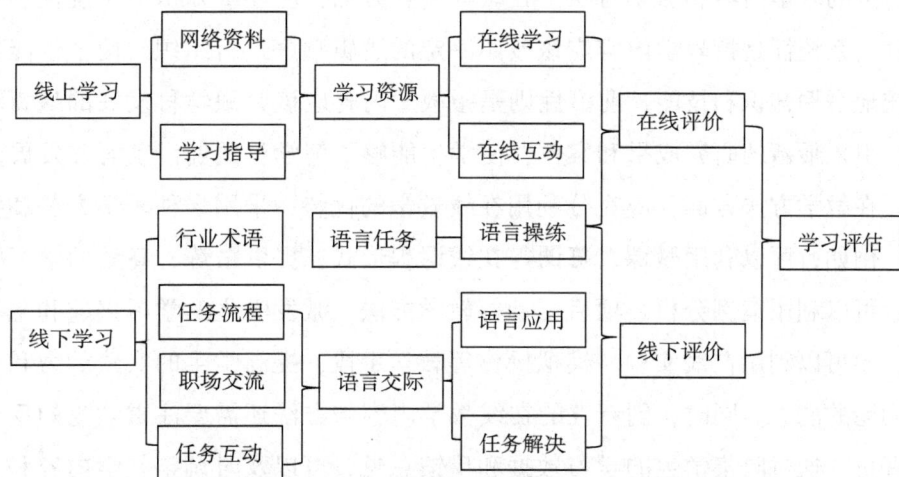

图4-1　基于数字化技术的混合式教学过程设计

（二）高等教育在线教学模式设计

1. 构建灵活多样的在线教学环境

在线教学环境的构建应注重交互性和个性化。交互性是实现有效在线教学的关键，通过实时互动、在线讨论、小组合作等方式，可以激发学生的学习兴趣，提高学生的参与度。个性化则是针对每个学生的特点和需求，提供定制化的学习资源和学习路径，以满足学生的个性化发展。对此，需要运用多种技术手段。例如，利用在线教育平台，可以上传和分享教学资源，组织在线测试和作业提交；利用社交媒体工具，可以建立学习社区，鼓励学生之间的交流和合作；利用虚拟现实和增强现实技术，可以模拟真实的实验环境，提供沉浸式的学习体验。此外，学生可以根据自己的时间和节奏进行学习，而教师则可以通过在线答疑、提供学习建议等方式，引导学生进行深度学习。这种教学环境的构建，不仅能够提高教学效果，还能够培养学生的自主学习能力和终身学习习惯。

2. 设计创新性的在线教学内容与方法

高等教育在线教学需要打破传统课堂教学的局限，设计更加符合在线学习特点的教学内容和教学方法。在教学内容方面，应注重知识的系统性和前沿性。系统性是指教学内容应该按照一定的逻辑顺序进行组织，使学生能够系统地掌握知识和技能；前沿性则是指教学内容应该紧跟学科发展的最新动态，引入最新的研究成果和案例，使学生能够了解学科的前沿动态和发展趋势。在教学方法方面，应充分利用在线教学的优势，采用多种教学方法和手段。例如，可以利用微课、慕课等在线课程形式，提供精炼、高效的学习资源；可以利用案例分析、项目驱动等教学方法，激发学生的学习兴趣和主动性；还可以利用在线实验、模拟操作等教学手段，提高学生的实践能力和解决问题的能力。同时，创新性的在线教学内容与方法还需要注重学生的反馈和评价。通过收集学生的学习数据和反馈意见，可以及时调整教学内容和方法，使之更加符合学生的需求和期望。

3. 建立有效的在线教学管理与评价体系

在教学管理方面，应建立完善的在线教学管理制度和规范，明确教师和学生的职责和权利，规范教学过程中的行为和要求。同时，还需要建立在线教学平台的管理和维护机制，确保平台的稳定性和安全性。在评价体系方面，应建立多元化的在线教学评价体系，包括学生评价、教师互评、专家评价等多个维度。通过收集和分析评价数据，可以了解教学效果和存在的问题，为改进和优化在线教学模式提供依据。此外，有效的在线教学管理与评价体系还需要注重数据的分析和利用。通过挖掘和分析学生的学习数据和教师的教学数据，可以发现学生的学习特点和教师的教学风格，为个性化教学和精准教学提供数据支持。

第二节　数字化技术在教学互动中的应用

一、数字化技术在高等教育教学互动中的应用现状

（一）虚拟现实技术

1. 虚拟现实技术提升高等教育教学的互动性与沉浸感

虚拟现实技术在高等教育教学中的应用，正逐渐改变着传统的教学方式和学习体验。通过构建一个三维的、高度仿真的虚拟环境，虚拟现实技术为学生提供了一个全新的、沉浸式的学习空间。在这个空间中，学生可以身临其境地感受知识的实际应用场景，从而更直观地理解抽象概念和复杂原理。在高等教育领域，许多学科都涉及难以直接观察或模拟的现象和过程，如物理学中的微观粒子运动、生物学中的细胞分裂过程、地理学中的地质构造变化等。虚拟现实技术能够模拟这些难以观测的现象，让学生通过头戴设备进入一个虚拟的实验室或场景，亲眼看到这些奇妙的过程。这种学习方式不仅增强了学生的理解力和记忆力，还激发了学生对未知领域的探索欲望。此外，虚拟现实技术还为学生提供了与虚拟角色互动的机会，这些角色可以是历史人物、科学家，甚至是理论概念的人格化形象。通过与这些角色的对话和互动，学生能够在轻松愉快的氛围中学习知识，提升对学科的兴趣和热爱。虚拟现实技术的应用，使得高等教育教学更加生动有趣、形象直观。学生在这种沉浸式的学习环境中，能够更主动地参与到教学过程中，实现从被动接受到主动探索的转变。这无疑为高等教育注入了新的活力，提升了教学质量和效果。

2. 虚拟现实技术助力高等教育教学的实践性与创新性

实践性教学方面，虚拟现实技术能够模拟真实的工作环境和操作流程，

让学生在虚拟空间中进行实践操作。这种模拟实践不仅降低了真实操作中的风险和成本，还能让学生在反复练习中熟练掌握专业技能。例如，在医学教育中，学生可以通过虚拟现实技术进行手术模拟训练，提升手术操作的准确性和熟练度；在工程教育中，学生可以模拟复杂的机械操作和维护过程，增强解决实际问题的能力。创新性培养方面，虚拟现实技术为学生提供了一个自由探索和创新的空间。学生可以在虚拟环境中进行各种实验和尝试，验证自己的创新想法和设计方案。这种无拘无束的创新环境有助于激发学生的想象力和创造力，培养学生的创新思维和解决问题的能力。同时，虚拟现实技术还可以用于展示学生的创新成果，让更多人了解和欣赏学生的作品，从而进一步激发学生的创新热情。

（二）人工智能技术

1. 人工智能技术在高等教育教学活动中的辅助应用

在高等教育领域，人工智能技术的应用已逐渐渗透并改变着传统的教学方式。特别是在教学互动环节，人工智能技术以其独特的优势，为提高教学质量和效率提供了强有力的支持。智能教学系统能够根据学生的学习情况和进度，为学生提供个性化的学习路径和资源推荐。这些系统通过大数据分析，精准地识别学生的知识盲点和薄弱环节，从而制订出更加贴合学生实际需求的教学计划。此外，人工智能还在在线学习平台中发挥着重要作用。通过自然语言处理和语音识别技术，系统能够实时解答学生的疑问，提供即时的学习反馈。这种互动式的学习方式不仅增强了学生的学习兴趣，还提高了学生的学习效果。同时，虚拟实验和模拟实践环境的创建，使学生在安全、受控的环境中进行实践操作，加深了学生对理论知识的理解。值得一提的是，传统的教学评估方式往往依赖于人工阅卷和评分，而人工智能技术则能够实现自动评分和反馈，极大地减轻了教师的评分负担，提高了评估的效率和准确性。这种技术还能够分析学生的学习数据，为教师提供全面的教学分析报告，帮助学生更好地了解学生的学习情况，优化教学内容和方法。

2. 人工智能技术在高等教育教学互动中的创新实践

在高等教育领域，人工智能技术的创新实践正在为教学互动带来革命性的变化。智能助教系统的引入，使得教学过程更加智能化和高效化。这些系统能够实时分析课堂情况，根据学生的反应和参与度调整教学节奏和内容，从而确保每位学生都能够获得最佳的学习体验。此外，人工智能还在推动教学模式的创新方面发挥着重要作用。例如，通过虚拟现实和增强现实技术，教师可以创建出更加生动、真实的教学环境，让学生在模拟的情境中学习，提升学生的学习兴趣和实践能力。同时，这种技术还支持远程教学和在线协作，打破了时间和空间的限制，为高等教育带来了更多的可能性。在个性化教学方面，人工智能技术也展现出了巨大的潜力。通过对学生的学习数据和行为进行深度分析，系统能够为每位学生量身定制学习计划和资源，从而满足学生不同的学习需求和兴趣。

二、数字化技术对于高等教育教学互动的作用

（一）提升教学互动的灵活性和便捷性

1. 数字化技术提升教学互动的灵活性

数字化技术，如智能交互电子白板，已经逐渐成为现代教室中不可或缺的一部分。这种技术融合了传统的黑板与现代多媒体的优势，不仅提供了丰富的信息展示方式，还能够实现与学生的实时互动。电子白板能够轻松整合视频、声音、图像、文字和动画等多媒体元素，使得教学内容更加生动有趣，同时也大大增加了教师与学生之间的交流频率与深度。在教学过程中，教师可以通过电子白板快速切换不同的教学内容，无论是复杂的图表分析还是生动的视频演示，都能在短时间内完成展示。此外，电子白板还支持多人同时操作，这意味着教师可以邀请学生上台进行互动，共同完成学习任务，这种实时的、面对面的互动方式无疑极大地提升了学生的学习积极性和参与度。学生平板作为另一种数字化教学工具，也为教学互动提供了更多可能。平板的便携性和即时性使得学生可以随时随地进行学习，无论是在课堂上还是课后，都能轻松获取学习资源，完成学习任务。此外，通过平板，学生可以更加主动地参与到课堂互动中，例如通过投票、问答等功能，表达自己的观点和疑问，

这种个性化的学习方式有助于培养学生的自主学习能力和批判性思维。

2. 数字化技术增加教学互动的便捷性

在线教学平台作为数字化教育的重要组成部分，打破了时间和空间的限制，让学生和教师能够在任何时间、任何地点进行学习和交流。通过在线教学平台，教师可以轻松地发布学习资源、布置作业、组织在线讨论等，而学生则可以随时随地访问这些资源，完成作业，参与讨论。这种便捷性不仅提高了教学效率，也使得学习变得更加个性化和自主化。学生可以根据自己的学习进度和兴趣进行学习，教师也可以根据学生的反馈和需求进行有针对性的指导。此外，数字化技术还通过提供即时通信工具，如在线聊天室、论坛等，进一步增强了教学互动的便捷性。教师和学生可以通过这些工具进行实时的沟通和交流，无论是答疑解惑还是分享学习心得，都变得触手可及。这种即时的互动方式不仅有助于激发学生的学习兴趣，还能帮助教师及时了解学生的学习情况，从而进行更有效的教学。

（二）增强师生之间的黏性

1. 数字化技术促进高等教育中的师生互动

传统的教育模式下，师生之间的交流往往局限于课堂内的面对面互动，时间和空间的限制使得互动的深度和广度都受到了影响。而数字化技术的引入，极大地拓宽了师生互动的渠道和方式，使得师生之间的黏性得到了显著增强。数字化技术使得师生之间的互动可以跨越时空的限制。通过在线教育平台、社交媒体等工具，教师可以随时发布课程信息、学习资源，学生可以随时随地进行学习，并在平台上提出问题、发表观点。这种实时的互动方式不仅提高了学习效率，也让学生感受到了教师的关注和指导，从而增加了学生对学习的投入和热情。而且，数字化技术为师生互动提供了更多的形式和手段。除了文字交流外，师生还可以通过音频、视频等方式进行互动，这使得交流更加直观、生动。例如，教师可以通过录制微课、直播授课等方式，让学生更加深入地了解课程内容；学生则可以通过提交作业、参与讨论等方式展示自己的学习成果，获得教师的反馈和指导。这种多样化的互动方式不仅丰富了教学内容，也让学生感受到了学习的乐趣和价值。并且，数字化技术还为师生互动提供了数据支持。在线教育平台可以记录学生的学习数据、行为轨迹等信息，教师可以通过分析这些数据，了解学生的学习状态、需求和问题，从而更加精准地进行教学指导和帮助。

2. 数字化技术深化高等教育师生关系的构建

在传统教育模式下，师生关系往往呈现出一种较为单一的教与学的关系，而数字化技术的引入使得这种关系变得更加丰富和多元。数字化技术为师生之间的情感交流提供了更多机会。通过在线教育平台、社交媒体等工具，师生可以更加频繁地进行交流，分享彼此的生活、学习和思考。这种交流不仅可以增进师生之间的了解和信任，还可以激发学生的学习兴趣和动力，让学生更加积极地参与到学习中来。而且，在数字化环境下，教师可以引导学生参与科研项目、创新实践等活动，通过共同合作、探讨问题等方式，培养学生的创新精神和实践能力。此外，数字化技术还为师生之间的个性化教学提供了支持。每个学生都是独一无二的个体，学生有着不同的学习需求和特点。在数字化环境下，教师可以通过分析学生的学习数据、兴趣爱好等信息，为学生提供更加个性化的教学资源和指导。

第三节　个性化学习与智能化教学辅助

一、高等教育个性化学习

(一) 个性化学习的概念与特征

1. 个性化学习的内涵

个性化学习，顾名思义，是指根据学习者的个体差异和需求，量身定制学习方案、学习资源和学习路径的一种学习方式。其内涵丰富，涉及多个层面的理念与实践。个性化学习的核心在于尊重学习者的独特性。每个人都是独一无二的个体，拥有不同的兴趣爱好、天赋才能和学习风格。传统的"一刀切"教学模式往往忽视了这种个体差异，导致部分学习者难以适应，难以发挥自身的潜力。而个性化学习则强调以学习者为中心，充分考虑其个性特点和需求，为其打造专属的学习方案。这种学习方式不仅有助于激发学习者的学习兴趣和动力，还能促进其全面发展，实现自我价值。此外，传统教育往往过于关注学习结果，而忽视学习过程和学习体验。而个性化学习认为，学习的过程本身就是一种宝贵的经历，学习者在探索、发现、解决问题的过程中，能够收获知识、技能和情感上的成长。因此，个性化学习注重为学习者提供丰富多样的学习资源和活动，让学生能够在实践中学习、在体验中成长。

2. 个性化学习的特征

（1）个性化和差异化

在传统的教育环境中，学习者往往被置于同一标准下进行衡量和评价，这种"一刀切"的做法忽略了学习者的个体差异和独特性。而个性化学习则致力于打破这种局限，通过深入了解每个学习者的学习风格、兴趣爱好、能力水平等个体差异，为学生量身定制个性化的学习方案。

（2）自主性和主动性

在传统的学习模式中，学习者往往处于被动接受知识的状态，缺乏主动参与和自主选择的权利。而在个性化学习中，学习者被赋予了更多的自主权和选择权，学生能够根据自己的兴趣和需求选择学习内容、学习方式和学习进度。这种自主性和主动性不仅能够提升学习者的学习效果，还能够培养学生的独立思考能力和创新精神。

（3）灵活性和适应性

由于每个学习者的学习进度和能力水平不同，个性化学习能够根据学习者的实际情况灵活调整学习计划和教学策略。这种灵活性使得学习不再是一成不变的固定模式，而是能够根据学习者的需求进行动态调整和优化。

（二）高等教育中个性化学习的必要性

1. 个性化学习与学生全面发展的内在联系

每个学生都是独一无二的个体，学生拥有不同的兴趣、天赋和学习方式。

传统的"一刀切"教学模式往往无法满足学生多样化的学习需求，而个性化学习则能够根据学生的特点量身定制学习路径，从而最大限度地发挥每个学生的潜能。个性化学习强调以学生为中心，尊重学生的个性差异。通过识别学生的兴趣点和学习优势，教师可以为学生提供更加贴合其需求的教学内容和教学方法。在个性化学习的环境下，学生不再是被动地接受知识，而是主动地探索、发现和解决问题，这样的学习过程更有利于培养学生的批判性思维和问题解决能力。此外，当学生在学习过程中能够感受到自己的进步和成就，学生会更加积极地投入学习中，形成良性循环。

2. 个性化学习在适应未来社会需求中的关键作用

个性化学习强调培养学生的自主学习能力和创新思维，这两种能力在未来社会中具有极高的价值。自主学习能力使学生能够持续不断地更新自己的知识和技能，以适应不断变化的工作环境；而创新思维则有助于学生在解决问题时提出新颖、独特的见解和方法，从而在激烈的竞争中脱颖而出。此外，在个性化学习的过程中，学生需要与来自不同国家的同学进行合作和交流，这不仅能够提升学生的团队协作能力，还能够增强学生的跨文化沟通能力。这两种能力在未来社会中同样具有不可替代的重要性，因为它们能够帮助学生更好地融入多元化的工作环境并发挥出自己的优势。

二、高等教育智能化教学辅助的重要性

（一）增强学生学习体验感

1. 智能化教学辅助提供沉浸式与交互式学习

在高等教育领域，智能化教学辅助正以其独特的优势，为学生提供前所未有的沉浸式与交互式学习体验。这种新型的教学方式，通过先进的技术手段，如虚拟现实、增强现实等，将抽象复杂的知识以直观、生动的方式呈现出来，极大地丰富了教学内容和形式。智能化教学辅助工具能够模拟真实的环境和场景，让学生在虚拟的空间中进行实践操作，这种身临其境的学习方式不仅提高了学生的学习兴趣，还加深了学生对知识的理解和掌握。例如，

在医学教育中，学生可以通过智能化教学辅助工具进行模拟手术操作，这种仿真的学习环境让学生在实际操作前就能积累宝贵的经验。同时，学生可以通过智能设备进行实时互动，与教师和同学进行在线讨论，共同解决问题。这种交互式的学习方式不仅锻炼了学生的沟通能力和团队协作精神，还激发了学生的学习热情和主动性。

2. 智能化教学辅助实现个性化与自主学习

在传统的教学模式中，学生往往被动接受统一的教学内容，而智能化教学辅助则能够根据每个学生的学习习惯、兴趣和能力，提供个性化的学习路径和资源。通过智能分析学生的学习数据和行为，教学辅助系统可以精准地识别每个学生的学习需求和偏好。例如，对于学习基础薄弱的学生，系统会推荐更多基础性的学习资源和练习题；而对于学习能力较强的学生，系统则会提供更高难度的挑战和拓展内容。这种个性化的学习方式确保了每个学生都能在适合自己的学习轨道上不断进步。此外，学生可以根据自己的时间安排和学习节奏，随时随地进行学习。无论是预习、复习还是拓展学习，学生都能通过智能化教学辅助找到适合自己的学习资源和工具，不仅培养了学生的自我管理能力，还让学生在学习过程中更加主动和积极。

（二）促进学生参与度

1. 智能化教学辅助对学生参与度的提升

智能化教学辅助系统通过运用先进的人工智能、大数据等技术，实现了对教学内容的精准推送和个性化定制。系统能够根据学生的学习历史、兴趣爱好以及能力水平，为其推送符合自身需求的学习资源，从而避免了传统教学中"一刀切"的弊端。这种个性化的学习体验让学生感受到被尊重和关注，进而增强了学生的学习动力和参与度。而且，智能化教学辅助系统还通过互动式的学习方式，提高了学生的课堂参与度。系统能够实时记录学生的学习进度和反馈，为教师提供及时、准确的教学数据，帮助教师更好地了解学生的学习情况，从而调整教学策略。同时，系统还能为学生提供在线讨论、小组合作等多样化的互动方式，让学生在轻松愉快的氛围中完成学习任务，提高学习效率。此外，智能化教学辅助系统还能够对学生的学习成果进行智能评估，为学生提供有针对性的学习建议。通过系统分析学生的学习数据和表现，可以准确找出学生在学习中存在的问题和不足，从而为学生提供精准的学习指导。

2. 智能化教学辅助对学生参与度促进的深层影响

智能化教学辅助通过提供个性化的学习资源和路径，促进了学生的自主学习和终身学习习惯的养成。学生可以根据自己的兴趣和需求，自主选择学习内容和学习方式，这种自主性不仅激发了学生的学习热情，还培养了学生的独立思考和解决问题的能力。同时，智能化教学辅助系统还能为学生提供持续的学习支持和反馈，帮助学生建立良好的学习习惯和方法，为未来的学习和职业发展奠定坚实基础。而且，传统的教学方式往往注重知识的灌输和记忆，而缺乏对学生学习体验和感受的关注。而智能化教学辅助系统则通过引入游戏化学习、虚拟现实等先进技术，让学习过程变得更加生动有趣，从而吸引了学生的注意力，提高了学生的学习兴趣和参与度。这种积极的学习体验不仅让学生更加享受学习的过程，还能增强学生的学习信心和动力。此外，智能化教学辅助还有助于培养学生的创新精神和团队协作能力。系统能够为学生提供多样化的学习资源和项目，鼓励学生进行探索和创新。在这一过程中，通过在线讨论、小组合作等方式，还能促进学生之间的交流和合作，培养学生的团队精神和协作能力。

第五章　数字化技术与高等教育管理的融合

第一节　高等教育管理信息化的现状与挑战

一、高等教育管理信息化现状分析

（一）信息化基础设施建设情况

1. 校园网建设与发展

校园网作为高等教育信息化基础设施的核心组成部分，其建设与发展对于提升高等教育教学、科研、管理水平具有至关重要的意义。随着信息技术的不断进步和高等教育对信息化需求的日益增长，校园网已经从简单的局域网络发展成为覆盖全校、连接国内外教育资源的复杂网络系统。在校园网的建设过程中，高等教育普遍注重网络的高性能、高可靠性和高安全性。通过采用先进的网络技术和设备，校园网不仅提供了高速、稳定的网络连接，还支持了多种网络服务，如电子邮件、文件传输、远程登录等，极大地方便了师生的学习和工作。同时，校园网还承载着大量的教学资源，如电子图书、在线课程、学术数据库等，为师生提供了丰富的学习材料和研究资料。随着移动互联网的普及，校园网也逐渐向无线网络拓展，覆盖了校园的各个角落。无线校园网的建设不仅满足了师生随时随地接入网络的需求，还为高等教育开展移动教学、移动办公等新型应用模式提供了有力支持。此外，校园网的建设还促进了高等教育与国内外其他教育机构的合作与交流。通过校园网，高等教育可以方便地与其他学校、研究机构建立网络连接，共享教育资源，开展远程教育、合作研究等活动，从而提升了高等教育的学术影响力和国际竞争力。

2. 信息系统及平台的应用

在教学管理方面，信息系统如学生信息管理系统、课程管理系统等，实现了对学生信息、课程安排、成绩管理等核心教学环节的全面数字化管理。通过这些系统，教师可以方便地查看学生的学习进度和成绩，及时调整教学策略；学生则可以随时随地查询自己的课表、成绩等信息，使学习更加高效便捷。在科研方面，科研管理系统、学术交流平台等信息系统为科研人员提供了项目申报、经费管理、成果展示等一站式服务。这些系统不仅简化了科研管理流程，还促进了科研成果的共享与传播，为高等教育的科研工作提供了有力支持。此外，高等教育还积极建设各类在线学习平台，如慕课、微课等，为学生提供了多样化的学习资源和学习方式。这些平台打破了时间和空间的限制，让学生可以根据自己的兴趣和需求进行自主学习，极大地提升了学习效果和学习体验。

（二）教学与科研信息化应用

1. 在线教育与远程教学的信息化应用

随着信息技术的迅猛发展，在线教育与远程教学已经突破了传统的时空限制，为广大学子提供了更为便捷、灵活的学习途径。在线教育的兴起，得益于互联网技术的普及和多媒体教学资源的丰富。通过网络平台，学生可以随时随地接入学习资源，进行自主学习和互动交流。这种学习方式不仅节约了学生的时间和精力，还提高了学习的效率和效果。同时，在线教育也为教师提供了更多的教学手段和教学资源，使得教学内容更加生动、形象，激发学生的学习兴趣和积极性。远程教学作为在线教育的延伸和拓展，更加注重师生之间的实时互动和合作。通过视频会议、在线讨论等方式，教师和学生可以跨越地域的限制，进行实时的交流和讨论。这种教学方式不仅增强了学生的学习体验，还提高了教师的教学质量。同时，远程教学也为高等教育之间的合作与交流提供了便利，促进了教育资源的共享和优化配置。在线教育与远程教学的信息化应用，不仅改变了传统的教学方式和学习方式，还推动了高等教育的创新发展。通过信息化手段的应用，高等教育可以更加灵活地应对社会变革和科技发展带来的挑战，培养出更多具有创新精神和实践能力的人才。

2. 科研数据管理与共享的信息化应用

随着科研活动的日益活跃和科研数据的快速增长，传统的数据管理方式已经难以满足科研工作的需求。因此，利用信息化手段实现科研数据的有效管理和共享，对于提高科研效率、促进学术交流具有重要意义。科研数据管理的信息化应用，主要体现在数据存储、处理和分析等方面。通过构建统一的数据管理平台，可以实现科研数据的集中存储和统一管理，避免了数据分散、难以查找的问题。同时，利用数据处理和分析技术，可以对科研数据进行深入挖掘和有效利用，为科研工作提供有力的数据支持。科研数据共享的信息化应用，则有助于脱离信息孤岛，促进学术交流和合作。通过建立数据共享机制，科研人员可以更加便捷地获取和利用他人的研究成果和数据资源，从而加速科研进程、提高研究质量。同时，数据共享也有助于推动科研领域的开放和透明化，增强学术界的互信和合作。在信息化手段的支持下，科研数据管理与共享不仅提高了科研工作的效率和质量，还推动了学术交流和合作的发展。通过数据的共享和交流，不同领域、不同学科的科研人员可以相互启发、相互借鉴，共同推动科研领域的进步和发展。

（三）教职工管理与服务信息化

1. 高等教育教职工信息化管理系统的应用

高等教育教职工管理与服务信息化的一大核心，便是教职工信息化管理系统的建立与应用。这一系统集成了人事管理、薪资核算、考勤记录、绩效评估等多个模块，通过数字化的方式，全面提升了教职工管理的效率和精确度。在人事管理方面，系统能够详细记录每位教职工的基本信息、教育背景、工作经历等，便于学校对人才资源进行全面的掌握和合理的配置。薪资核算模块则通过自动化的计算方式，确保了薪资发放的准确性和及时性，大大减轻了人力资源部门的工作压力。同时，考勤记录功能使得教职工的出勤情况一目了然，为学校的日常管理和绩效评估提供了可靠的数据支持。更为重要的是，教职工信息化管理系统还能够对教职工的绩效评估进行量化分析，通过收集和分析教职工在教学、科研、社会服务等方面的数据，为学校提供客观、公正的绩效评价。这种信息化的管理方式，不仅提高了高等教育对教职工的管理效率，也为教职工的职业发展提供了更为明确的方向和目标。

　　2. **高等教育教职工信息化服务平台的构建**

　　通过信息化服务平台，教职工可以轻松获取学校的最新通知、规章制度、教学资源等各类信息，实现了信息的即时传递和共享。同时，服务平台还提供了多种在线服务功能，如在线报销、假期申请、场地预约等，大大简化了教职工的日常办事流程。教职工只需通过几次简单的点击操作，就能完成以往需要跑多个部门、填写大量纸质材料的烦琐事务。这种信息化的服务方式，不仅节省了教职工的时间和精力，也提高了学校服务教职工的效率和质量。此外，教职工信息化服务平台还具备强大的互动功能，教职工可以通过平台与学校领导、相关部门进行在线沟通和交流，及时反馈问题和建议。这种双向的沟通机制，增强了教职工的参与感和归属感，也让学校能更及时地了解教职工的需求和想法，进而不断优化管理和服务。因此，教职工信息化服务平台的构建，是高等教育教职工管理与服务信息化的重要组成部分，对于提升教职工的工作效率和满意度具有显著的意义。

二、高等教育管理信息化面临的挑战

（一）技术更新换代的压力

1. 新技术的不断涌现

随着科技的飞速发展，高等教育管理领域正面临着新技术不断涌现的压力。这些新技术，如云计算、大数据处理、人工智能等，以其强大的数据处理能力、智能化的决策支持和便捷的服务提供，正逐步改变着高等教育管理的面貌。而新技术的不断涌现，也为高等教育管理带来了前所未有的挑战。每一种新的技术趋势，都代表着一种新的可能性，但同时也意味着高等教育机构需要不断地学习和适应，以便将这些技术融入现有的管理体系中。这不仅要求高等教育机构具备高度的敏锐性和前瞻性，能够准确捕捉技术发展的脉搏，更要求它们拥有足够的灵活性和创新能力，以适应新技术带来的管理模式的变革。因此，新技术的不断涌现，既是高等教育管理信息化发展的催化剂，也是其必须面对的重要压力。这就要求高等教育机构评估新技术的成本效益，确保其投入与回报相匹配。同时，新技术的运用还要求高等教育机构加强员工培训，提升员工的技术素养，以便更好地利用新技术提高管理效率和服务质量。

2. 系统升级与维护的难题

随着信息技术的不断进步和高等教育管理需求的日益复杂，原有的信息系统往往难以满足新的需求。因此，高等教育机构不得不面临系统升级的压力。而系统升级并非易事。它不仅要求高等教育机构投入大量的资金和人力资源，还可能导致原有数据的迁移和整合问题，甚至可能引发系统的不稳定和风险。与此同时，系统的维护也是一个持续性的挑战。信息系统的稳定运行是高等教育管理信息化的基础，但随着时间的推移，硬件设备的老化、软件漏洞的出现以及网络安全威胁的增加，都使得系统维护的难度不断上升。高等教育机构需要建立专业的维护团队，制定完善的维护计划，并时刻关注系统的运行状态，以确保信息系统的稳定性和安全性。

（二）信息化与教育教学深度融合的难题

1. 教师信息技术应用能力的提升

教师作为教育教学的主力军，其信息技术应用能力的强弱直接影响信息化教学的质量和效果。随着信息技术的快速发展，新的教学工具、平台和资源不断涌现，这就要求教师必须不断更新自己的知识和技能，以适应信息化教学的需要。提升教师信息技术应用能力，需要从多个方面入手。一方面，高等教育应加强对教师的信息技术培训，包括基础技能的提升和新兴技术的应用等。通过系统的培训课程和实践操作，使教师能够熟练掌握各种教学工具和平台的使用方法，提高信息化教学的效率和水平。另一方面，教师自身也应保持学习的热情和动力，积极寻求自我提升的途径。可以通过参加学术研讨会、在线课程学习、教学实践反思等方式，不断更新自己的教学理念和方法，将信息技术更好地融入教学中。此外，高等教育还可以通过建立激励机制和评价体系，鼓励教师积极应用信息技术进行教学创新。例如，可以设立信息化教学优秀奖项，对在信息化教学中表现突出的教师进行表彰和奖励；同时，也可以将教师的信息技术应用能力纳入教学评价体系中，以促进其不断提升。

2. 学生信息素养的培养

信息素养不仅关乎学生个人的全面发展，也是适应信息化社会、参与未来竞争的必备能力。对此，高等教育应加强对学生的信息素养教育，通过开设相关课程、举办讲座和实践活动等方式，引导学生认识信息素养的重要性，掌握信息获取、处理、分析和利用的基本方法。而且，学生应积极参与各种信息素养实践活动，如信息检索比赛、数据分析项目等，通过实践锻炼自己的信息技能。同时，学生还应注重自主学习能力的培养，学会利用信息工具和平台进行自我学习和提升。此外，高等教育还应营造良好的信息素养氛围，通过校园文化建设、师生互动等方式，培养学生的信息意识和信息道德观念。在信息化社会中信息安全同样重要，学生应学会负责任地使用和分享信息，保护个人隐私和信息安全。通过加强教育引导、提供实践机会、营造良好氛围等多方面的措施，可以逐步提升学生的信息素养水平，使其更好地适应信息化社会的发展需求。

（三）跨部门信息共享与协同工作的障碍

1. 部门间信息孤岛现象

在高等教育体系中，部门间信息孤岛现象是阻碍跨部门信息共享与协同工作的一大障碍。这一现象的产生，源于高等教育内部各个部门在信息管理和系统建设上的独立性和封闭性。每个部门往往根据自己的业务需求和工作流程，建立起独立的信息系统和数据库，导致信息在不同部门之间封闭化，无法顺畅流通。当需要跨部门协作或调用信息时，由于信息孤岛的存在，工作人员不得不进行烦琐的数据转换和信息对接工作，这不仅消耗了大量时间和资源，还增加了出错的概率。而且，信息孤岛也影响了决策的全面性和准确性。由于各部门信息不互通，决策者难以获取全面的数据支持，可能导致决策失误或偏颇。此外各部门在信息系统建设上缺乏统一规划和协调，导致资源浪费和重复建设。同时，由于缺乏统一的信息管理标准和规范，各部门在信息的采集、存储、处理和使用上也存在较大的差异，进一步加剧了信息孤岛的形成。因此，要脱离部门间信息孤岛，需要高等教育从顶层设计上加强信息化建设的统一规划和协调，推动各部门之间的信息共享和协同工作。通过建立统一的信息管理平台和标准规范，促进信息的流通和整合，提高跨部门协作的效率和准确性，从而推动高等教育的整体发展。

2. 统一数据标准与接口的缺乏

随着信息技术的快速发展，高等教育各部门纷纷建立了自己的信息系统，但由于缺乏统一的数据标准和接口，这些系统往往无法实现有效的数据交换和信息共享。数据标准的不统一导致各部门在信息采集、存储和处理上存在差异，使得数据的质量和准确性无法得到保证。当需要进行跨部门数据对比或整合时，这些差异就会成为难以逾越的障碍。同时，接口的缺乏也使得各部门的信息系统无法顺畅地连接和通信，进一步加剧了信息共享的难度。而且，统一数据标准与接口的缺乏不仅影响了跨部门的信息共享，还制约了高等教育信息化的整体发展。在没有统一标准的情况下，各部门只能根据自己的需求和理解来建设信息系统，这往往导致资源浪费和重复建设。同时，由于缺乏通用的数据接口，高等教育在引入新的信息系统或技术时，往往需要进行大量的定制开发工作，这不仅增加了成本，也延长了项目的实施周期。因此，通过制定和实施统一的数据标准，可以确保各部门在信息采集、存储和处理上遵循相同的规范，从而提高数据的质量和准确性。此外，通过开发通用的数据接口，可以实现各部门信息系统之间的无缝连接和通信，促进信息的快速流通和共享。这将有助于提升高等教育信息化的整体水平，推动高等教育的创新发展。

第二节　数字化技术在教务管理中的应用

一、数字化技术在教务管理流程中的运用

（一）学生信息管理系统的应用

1. 高等教育学生信息管理系统的功能实现与应用

在功能实现方面，高等教育学生信息管理系统涵盖了学生基本信息管理、成绩管理、学籍管理、奖惩管理等多个方面。通过系统录入和更新学生的基本信息，包括姓名、性别、年龄、专业等，可以确保学生信息的准确性和完整性。同时，系统还能够实时记录学生的成绩信息，包括课程成绩、考试成绩等，方便教师和管理人员随时查看和分析。此外，学籍管理功能可以对学生的入学、转学、毕业等各个环节进行全程跟踪，确保学籍信息的准确性和规范性。奖惩管理功能则可以根据学生的表现进行奖励或惩罚的记录，为评价学生综合素质提供依据。在应用方面，高等教育学生信息管理系统提高了管理效率，减少了人工操作的烦琐和错误，使管理人员能够更加专注于学生服务的提升。而且，系统为高等教育决策提供了有力支持，通过对数据的挖掘和分析，可以帮助学生工作部门更好地了解学生的学习和生活状况，为制定有针对性的教育和管理措施提供依据。此外，系统还促进了学生信息的共享和交流，为师生之间的沟通提供了便捷的平台，有助于提升教学质量和学习效果。

2. 在提高教育质量与个性化服务中的应用

高等教育学生信息管理系统在提高教育质量与个性化服务方面发挥着不可替代的作用。该系统有助于高校实现对学生信息的精细化管理，更能通过

数据的深度挖掘和分析，为教育质量的提高和个性化服务的实施提供有力支持。在教育质量提高方面，学生信息管理系统通过对学生的学习成绩、出勤率、课程参与度等数据的收集和分析，可以帮助教师和管理人员更全面地了解学生的学习状况和需求。基于这些数据，教师可以调整教学策略，优化教学方法，使教学更加符合学生的实际情况和兴趣特点。同时，系统还可以为高等教育的教学评估和课程改革提供客观依据，推动教学质量的持续改进。在个性化服务实施方面，学生信息管理系统能够根据学生的个人信息、学习成绩、兴趣爱好等多维度数据，为每位学生提供定制化的学习建议和服务。例如，系统可以根据学生的学习进度和成绩情况，为其推荐合适的课程和学习资源；也可以根据学生的兴趣爱好和职业规划，为其提供专业的指导和建议。这种个性化的服务能够满足学生的个性化需求，更能够激发其学习积极性和主动性，促进其全面发展。此外，学生信息管理系统还能够为高校的学生工作提供便利。通过系统，学生工作人员可以更加便捷地处理学生的日常事务，如奖学金评定、助学金发放、学生活动组织等，能够提高工作效率，更能够减少人为操作的错误和疏漏，确保学生工作的公正性和准确性。

（二）教学计划与课程安排的数字化

1. 教学计划的数字化管理与优化

在数字化时代背景下，教学计划的数字化管理已经成为高等教育机构提升教学效率和质量的关键一环。数字化教学计划意味着将传统的教学计划文档转化为电子形式，更代表着通过信息技术对教学计划进行全面、系统、动态的管理。通过数字化工具，教师可以更便捷地制定、修改和跟踪教学计划，确保教学内容与时间安排的科学性和合理性。同时，数字化教学计划还能够提供实时数据分析和反馈，帮助教师及时发现问题，调整教学策略，从而实现教学效果的最大化。数字化管理使得教学计划更加透明化和可视化，学校管理层和教师可以随时查看教学进度和学生学习情况，这有助于加强教学监督和质量控制。此外，数字化教学计划的实施，还能够促进教师之间的协作与交流，共享教学资源与经验，进而提升整体教学质量。在这一过程中，教师的信息技术应用能力得到了锻炼和提高，为高等教育机构培养了一支具备数字化素养的师资队伍，为未来的教育发展奠定了坚实基础。

2. 课程安排的数字化实践与探索

数字化课程安排不仅提高了排课的准确性和效率，还为师生提供了更加便捷、个性化的教学服务。通过数字化系统，学校可以轻松地管理课程表、教室资源、教师安排等核心教学要素，实现教学资源的优化配置。同时，学生也能够通过手机、电脑等终端随时查看课程信息，合理安排自己的学习时间。数字化课程安排为高等教育带来了诸多变革。它打破了传统排课方式的束缚，使得课程安排更加灵活多样，能够更好地满足学生的学习需求和兴趣。此外，数字化课程安排还促进了教学方式的创新，如翻转课堂、混合式教学等新型教学模式的涌现，极大地丰富了教学手段和学习体验。通过这些创新实践，学生的学习积极性和参与度得到了显著提升，教学效果也随之增强。数字化课程安排的实施，还对高等教育机构的教学管理产生了深远影响。它提升了教学管理的精细化和科学化水平，使得学校能够更加精准地把握教学动态，及时调整教学策略。并且，数字化课程安排也为学校与社会的紧密联系提供了有力支持，学校可以根据行业发展和市场需求，灵活调整课程设置，培养更多符合社会需要的高素质人才。

（三）考试与成绩管理的数字化流程

1. 高等教育学生考试流程的数字化革新

传统的考试流程往往涉及大量纸质试卷的印制、分发、回收以及后续的成绩录入和统计分析，这一过程不仅耗时耗力，而且容易受到人为因素的影响。数字化技术的引入，则极大地改变了这一现状，使考试流程更加高效、公正和透明。数字化考试流程的核心在于利用信息技术实现考试全过程的自动化和智能化。在考试准备阶段，数字化系统可以自动生成电子试卷，并通过网络或专用平台发送给学生。这一方式不仅节省了纸张和印刷成本，还避免了试卷在分发过程中可能出现的丢失或损坏情况。同时，数字化系统还可以设置严格的权限控制和访问限制，确保试卷内容在考试前不被泄露。在考试过程中，数字化技术也发挥了重要作用。例如，通过在线考试系统，学生可以在规定的时间内完成答题并提交试卷。系统能够实时记录学生的答题情况，包括作答时间、答案选择等，为后续的成绩分析提供了丰富的数据支持。考试结束后，数字化流程的优势进一步显现。系统可以自动汇总和分析学生的成绩数据，生成详细的成绩报告和统计分析结果。这不仅减轻了教师的工作负担，还使得成绩管理更加规范和科学。同时，数字化流程还使得成绩的查询和发布更加便捷和高效，学生可以随时通过网络平台查看自己的成绩和排名情况。

2. 成绩管理的数字化转型

随着数字化技术的深入应用，成绩管理正经历着一场深刻的数字化转型，从传统的纸质记录、手工统计逐步向数字化、智能化方向发展。传统的成绩管理方式往往依赖于大量的纸质文档和手工操作，不仅效率低下，而且容易出错。而数字化系统则能够实时记录、存储和更新学生的成绩数据，实现数据的快速查询和精确统计。同时，通过云存储和备份技术，数字化系统还能够确保数据的安全性和可靠性，避免数据丢失或损坏。此外，数字化成绩管理还能够实现对学生成绩的精准分析。借助大数据分析和数据挖掘技术，系统可以对学生的成绩数据进行深度挖掘和关联分析，揭示出学生的学习特点、优势与不足，不仅有助于教师更好地了解学生的学习状况，制定个性化的教学计划和辅导策略，还能够为学校的教学改革和决策提供有力支持。更为重要的是，数字化成绩管理还能够实现智能决策支持。通过构建成绩预测模型和推荐系统，数字化系统能够根据学生的历史成绩和学习行为，预测其未来的学业表现和潜力，并为学生提供个性化的学习建议和路径规划。

二、数字化技术提升教务管理效率的作用

（一）自动化流程减少人工操作

1. 自动化流程在教务管理中的应用与影响

高等教育中，教务管理是一项烦琐且重要的工作，涉及课程安排、学生信息管理、成绩录入与查询、教学资源调配等多个方面。传统模式下，这些

工作往往需要大量的人工操作，不仅效率低下，而且容易出错。而随着自动化流程的引入，教务管理正逐步摆脱对人工的过度依赖，实现更高效、准确的管理。自动化流程的应用，使得教务管理中的许多重复性、机械化工作得以被自动化完成。例如，通过教务管理系统，可以自动完成学生选课、退课、查询成绩等操作，无须教务人员手动处理。这不仅大大减轻了教务人员的工作负担，还提高了工作效率和准确性。同时，自动化流程还能够帮助教务人员实时监控教学进度和学生学习情况，为及时调整教学策略提供数据支持。此外，传统的教务管理更侧重于事务性工作，而自动化流程的引入使得教务人员有更多的时间和精力投入教学服务和学生指导等更具创造性的工作中。

2. 自动化流程助力教务管理效率提升

随着信息技术的不断发展，自动化流程正成为提升教务管理效率的重要工具。通过自动化流程，高等教育机构能够简化烦琐的手工操作，优化管理流程，从而提高工作效率，减少错误和延误。自动化流程的应用范围广泛，包括学生信息管理、课程安排、考试组织、成绩处理等各个环节。例如，在学生信息管理方面，通过自动化系统，可以实时更新和维护学生信息，确保数据的准确性和一致性，避免了传统手工录入和更新时造成的烦琐和错讹。在课程安排方面，自动化流程能够根据教室、教师和学生的可用时间，智能生成课程表，大大减少了人工排课的复杂性和时间成本。此外，自动化流程还在考试组织和成绩处理方面发挥了重要作用。通过自动化系统，可以方便地安排考试时间、地点和监考人员，确保考试的顺利进行。同时，在成绩处理方面，自动化流程能够快速地录入、计算和发布学生成绩，减少了人工操作的烦琐和错误风险。

（二）数据分析助力决策制定

1. 数据分析在高等教育教务管理中的应用价值

数据分析作为一种现代管理工具，正逐渐渗透到高等教育教务管理的各个环节，为决策制定提供了有力支持。通过收集、整理和分析教务管理过程中的各项数据，可以揭示出隐藏在数据背后的规律和问题，进而为优化管理流程、提升管理效率提供科学依据。在高等教育教务管理中，数据分析有助于教务管理部门全面了解学生的学习状态和需求。通过对学生的课程成绩、出勤率、参与度等数据进行深入挖掘，可以发现学生在学习过程中存在的问题和困难，从而有针对性地调整教学策略和资源配置。而且，数据分析可以为教务管理部门的决策提供数据支撑。例如，通过对历年的招生数据、毕业生就业数据进行分析，可以预测未来的招生趋势和就业市场变化，为制定招生计划、调整专业设置等提供科学依据。此外，数据分析还可以帮助教务管理部门优化教学资源配置，提高教学质量和效率。通过对教师的教学评价、课程满意度等数据进行分析，可以了解教师的教学水平和学生的学习体验，进而优化师资配备和课程安排。在实际应用中，许多高等教育已经建立了完善的教务管理系统，实现了对各类教务数据的自动化采集和存储。同时，借助先进的数据分析工具和算法，可以对这些数据进行深度挖掘和分析，提取出有价值的信息。这些数据分析结果不仅为教务管理部门的决策提供了有力支持，也为学生、教师等各方提供了更好的服务体验。

2. 基于数据分析的高等教育教务管理决策优化路径

基于数据分析的高等教育教务管理决策优化，是提高高等教育质量、实现精细化管理的关键一环。通过深入挖掘教务数据中的价值信息，可以精准识别管理过程中的痛点和难点，为决策制定提供科学依据，进而推动教务管理工作的持续改进和创新发展。这就需要构建全面、准确的教务数据体系。这包括收集学生在校期间的各类数据，如课程成绩、出勤情况、实践活动参与等，以及教师的教学评价、科研成果等数据。通过整合这些数据资源，可以形成对教务管理现状的全面反映，为后续的数据分析提供坚实基础。在数据分析的过程中，应注重运用先进的统计方法和数据挖掘技术。通过对教务数据进行描述性分析、相关性分析、聚类分析等，可以揭示出数据背后的规律和趋势，发现潜在的问题和改进空间。同时，还可以利用预测模型对教务发展趋势进行预测，为制定前瞻性决策提供依据。基于数据分析的结果，可以有针对性地制定优化措施和改进方案。例如，针对学生学习成绩差异较大的问题，可以通过调整教学策略、加强辅导等方式进行改进；针对教学资源配置不合理的问题，可以通过优化课程安排、加强师资培训等方式进行解决。此外，还需要建立有效的数据反馈机制，确保数据分析结果能够及时反馈给教务管理部门和相关人员。通过定期发布数据分析报告、组织专题研讨会等方式，可以促进教务管理部门与各方之间的沟通交流，共同推动教务管理工作的持续改进和发展。

（三）移动教务管理系统的应用

1. 移动教务管理系统的便捷性应用

在高等教育领域，移动教务管理系统的应用显著提升了教务管理的便捷性。这一系统通过移动设备，如智能手机和平板电脑，将复杂的教务管理流程简化并随时随地可供访问。学生可以通过移动教务系统轻松查询课表、考试成绩、学术通知等关键信息，而无须依赖传统的纸质通知或固定的电脑终端。教师则可以利用这一系统快速录入成绩、管理课程资料和与学生进行即时沟通。此外，移动教务管理系统还提供了在线选课、退课和调换课程等自助服务，大大节省了学生和教师的时间和精力。这种便捷性的提升，不仅优化了教务管理流程，也为学生和教师创造了更为灵活和高效的学习环境。而且，通过与校园内其他信息系统的无缝对接，这一系统能够实时更新学生的个人信息、学籍状态、奖学金和助学金申请状态等关键数据，为学校的决策提供了有力的数据支持，同时也确保了学生和教师能够及时获取到最新的教务信息。移动教务管理系统在高等教育中的广泛应用，正逐步改变着传统的教学和管理模式，推动高等教育向更为高效、便捷和现代化的方向发展。

2. 在促进教学互动方面的应用

传统的教学模式下，学生与教师的交流往往受限于课堂时间和空间。而移动教务管理系统的引入，打破了这一限制，为学生和教师提供了一个全新的互动平台。通过这一系统，学生可以随时向教师提问，教师也可以及时回复，从而实现了教与学的无缝对接。此外，移动教务管理系统还为教师提供了多样化的教学工具和资源，如在线作业提交、讨论区、教学视频等，这些功能极大地丰富了教学手段，激发了学生的学习兴趣。学生可以通过系统参与在线讨论，与同学们分享学习心得，教师则可以根据学生的反馈及时调整教学内容和方法，从而实现了教学的动态调整和优化。而且，移动教务管理系统还能通过数据分析功能，帮助教师更好地了解学生的学习情况。系统可以收集并分析学生的学习数据，如作业完成情况、在线学习时长、讨论参与度等，为教师提供个性化的教学建议。因此，移动教务管理系统在促进教学互动方面的应用，正深刻改变着高等教育的教学模式，推动着教育信息化的进程。

第三节　数字化技术在学生服务与管理中的创新

一、数字化技术在学生管理中的创新应用

（一）智能化学生信息管理系统

1. 系统架构与功能设计

智能化学生信息管理系统架构的设计，旨在构建一个高效、稳定且灵活的信息管理平台，以满足学校对学生信息的全方位管理需求。系统架构方面，智能化学生信息管理系统采用分层设计的思想，从上至下依次为用户界面层、业务逻辑层和数据访问层。用户界面层负责提供友好的操作界面，使得管理员和教师可以轻松地进行学生信息的录入、查询和修改。业务逻辑层则是系统的核心，负责处理各种业务规则和数据计算，如学生成绩的统计分析、考勤信息的自动生成等。数据访问层则负责与数据库进行交互，实现数据的存储和检索。在功能设计上，学生信息管理模块可以记录学生的基本信息、家庭情况、奖惩记录等；成绩管理模块则可以实时更新学生的考试成绩，并生成成绩报告；课程管理模块可以方便地管理课程的开设、调整及教师分配；考勤管理模块则能够自动记录学生的出勤情况，为教师提供考勤依据。此外，系统还具备强大的数据分析和可视化功能，可以对学生的学习情况、成绩趋势等进行深入分析，为教育决策提供有力支持。

2. 数据整合与共享策略

在智能化学生信息管理系统中，数据整合与共享策略的实施至关重要，它直接关系到系统数据的一致性和可用性，以及信息流通的效率和准确性。数据整合方面，系统采用了统一的数据标准和管理规范，确保各模块间的数据能够无缝对接和交互。通过对各个信息源的数据进行清洗、转换和整合，系统能够构建一个完整、准确的学生信息数据库。同时，系统还提供了数据导入导出功能，方便与其他系统进行数据交换和共享。在数据共享策略上，系统采用了基于角色的访问控制机制，不同用户根据其角色和权限可以访问相应的学生信息。这样既可以保证数据的安全性和隐私性，又能实现信息的有效利用。此外，系统还支持数据的实时更新和同步，确保各部门间能够获取到最新的学生信息。

3. 个性化学生信息推送服务

随着教育信息化的深入发展，个性化学生信息推送服务逐渐成为智能化学生信息管理系统的重要功能之一。这一服务旨在根据学生的学习情况和需求，为其提供定制化的信息推送，以帮助学生更好地规划学习和成长。对此，系统会对学生的学习数据进行深入挖掘和分析。通过对学生的成绩、兴趣、习惯等多维度信息的综合分析，系统能够了解学生的学习特点和需求。基于这些分析结果，系统可以为学生制定个性化的学习计划和学习路径。在推送方式上，系统采用了多种渠道相结合的方式，包括短信、邮件、App（应用程序）通知等。这样可以根据学生的使用习惯和偏好，选择最合适的推送方式。同时，系统还支持设置推送时间和频率，确保信息能够在最恰当的时间到达学生手中。个性化学生信息推送服务的内容丰富多样，包括学习提醒、成绩分析、课程推荐等。此外，系统还可以根据学生的兴趣和需求，推荐相关的课程和学习资源，以拓宽学生的知识视野和提升学习能力。

（二）学生行为分析与预警系统

1. 精准洞察与高等教育融合

在高等教育领域，数字化技术的深入应用为学生行为分析提供了前所未有的可能。通过大数据、人工智能等先进技术的加持，教育者们得以精准洞察学生的学习习惯、兴趣偏好以及情感状态，从而为个性化教育和精准管理提供了坚实的数据支持。学生行为分析系统能够实时收集学生在校园内的各类数据，包括课堂表现、图书馆借阅记录、网络学习时长、社交互动等。这些数据经过深度挖掘和综合分析，能够揭示出学生的学习状态和学习需求。例如，通过分析学生在课堂上的发言频率和活跃度，可以评估其参与课堂讨论的积极性；通过分析学生的网络学习时长和内容偏好，可以了解其自主学习的能力和兴趣方向。而且，高等教育注重培养学生的批判性思维、创新能力和综合素质，而学生行为分析正是实现这一目标的关键工具。通过对学生学习行为的深入分析，教育者可以更加精准地把握学生的学习特点和需求，从而制定更加贴合学生实际的教学计划和教学策略。

此外，学生行为分析还能够为高等教育管理提供有力支持。通过对学生的行为数据进行统计和分析，学校可以了解学生的学习状况、生活状态以及心理健康情况，从而有针对性地加强管理和服务。例如，对于学习成绩波动较大的学生，学校可以加强对其的关注和辅导；对于存在潜在心理健康问题的学生，学校可以及时提供心理咨询和支持。

2. 学生行为预警系统的构建与应用，护航高等教育质量与安全

学生行为预警系统的构建需要依托大数据和人工智能等先进技术进行。系统通过收集学生在校园内的各类行为数据，包括学习成绩、出勤情况、网络行为、社交互动等，形成学生行为数据库。然后，利用机器学习和数据挖掘技术，系统对这些数据进行深入分析，识别出异常行为和潜在风险。在高等教育中，学生行为预警系统的应用具有重要意义。一方面，它有助于学校及时发现学生的学习困难和问题，为学生提供及时的帮助和指导。例如，当系统监测到某个学生的学习成绩突然下滑或出勤率明显降低时，可以自动触发预警机制，提醒教育者关注该学生的学习状况，并采取相应措施进行干预。另一方面，学生行为预警系统还能够有效预防和应对校园安全问题。通过对学生行为数据的实时监测和分析，系统可以及时发现可能存在的安全隐患和风险点，为学校的安全管理提供有力支持。此外，学生行为预警系统还能够

为高等教育质量的提升提供有力保障。通过对学生的行为数据进行长期跟踪和分析，系统可以揭示出教育教学中存在的问题和不足，为学校改进教学方法、优化教学资源提供重要参考。

二、数字化技术在学生服务中的创新应用

（一）个性化学习服务

1. 高互动性网络学习社区与多元学习方式

在数字化技术迅猛发展的时代背景下，通过搭建高互动性的网络学习社区，学生得以突破传统学习模式的束缚，享受到更为丰富多样的学习体验。这一变革不仅提升了学生的学习效率，也极大地激发了学生的学习兴趣和积极性。高互动性的网络学习社区为学生提供了一个开放、自由的学习环境。在这个社区中，学生可以通过在线讨论、协作学习等方式与同伴进行深入的交流和合作。这种交流不仅有助于拓宽学生的知识视野，还能培养学生的团队合作精神和沟通能力。同时，网络学习社区还为学生提供了丰富的学习资源、学习方式和学习工具，使学生能够根据自己的学习需求和兴趣进行自主学习和探究。翻转学习将传统课堂讲授与课后作业的顺序颠倒过来，让学生在课前通过观看视频、阅读资料等方式自主学习新知识，而在课堂上则进行问题的探讨和深入的学习。这种学习方式使得学生在课堂上能够更加主动地参与讨论和思考，提升了学生的学习效果。反馈学习则是利用学习数据对学生进行个性化的指导和反馈。系统会根据学生的学习情况自动生成学习报告和建议，帮助学生及时了解自己的学习状况并调整学习策略。混合学习则是线上、线下学习的融合，学生既可以在线上进行自主学习和协作学习，也可以在线下参加实体课堂的学习活动，从而得到更加灵活多样的学习体验。

2. 精准分析学习行为与智能推荐学习资源

大数据技术的应用使得教育平台能够收集和分析学生的学习数据。这些数据包括学生的学习成绩、学习时长、学习路径等多个方面，能够全面反映学生的学习情况和特点。通过对这些数据的深入挖掘和分析，教育平台可以

了解每个学生的学习需求和兴趣点，从而为学生提供定制化的学习路径和学习资源。在智能推荐方面，人工智能技术发挥着关键作用。基于深度学习和机器学习等技术，教育平台可以构建出智能推荐系统。该系统能够根据学生的学习历史和行为习惯，预测学生可能感兴趣的学习内容和课程。同时，系统还可以根据学生的实时学习情况和反馈，不断调整和优化推荐结果，确保推荐的准确性和有效性。通过大数据和人工智能技术的结合应用，个性化学习服务得以实现更加精准和智能的推荐。学生不再需要花费大量时间和精力去搜索和筛选学习资源，而是可以直接获得系统为学生推荐的优质内容和课程。这不仅提升了学生的学习效率和学习效果，也使学生能够更加专注于自己的学习和成长。此外，学生可以通过手机、平板等终端设备随时随地进行学习，无须受到时间和地点的限制。同时，系统还可以根据学生的学习进度和反馈，自动调整学习难度和进度，确保学生能够在舒适的环境中进行学习。

（二）智能化管理与生活服务

1. 智能化管理在学生服务中的深度应用

在学生管理领域，数字化技术的智能化应用正日益凸显其重要性。通过构建完善的新媒体教育管理平台，学校能够以一种更加高效、便捷的方式与学生进行信息交互。这一平台是一个信息发布的窗口，更是综合性的管理工具，能够定期发布包括量化考核、评优评先、奖学金评定等在内的各类管理内容。这种管理方式极大地提高了信息的透明度和传递效率，使得学生能够及时、准确地了解到与自己息息相关的各类信息。更为重要的是，智能化管理平台的构建，使得学校能够对学生的各项数据进行全面、深入的分析。借助大数据和云计算技术，学校可以对学生的行为模式、学习习惯、兴趣爱好等多方面进行深度挖掘。这些数据不仅为学校制定更为精准、个性化的管理策略提供了有力支持，同时也为学生自我了解和规划提供了宝贵的信息反馈。此外，智能化管理还体现在对学生日常行为的实时监控和预警上。例如，通过对学生上课出勤情况的智能分析，学校可以及时发现学生的异常行为，如频繁旷课、迟到等，从而及时进行干预和引导。这种管理方式提高了学校的管理效率，更为重要的是，它有助于预防和解决学生可能出现的问题，为学生的健康成长提供了有力保障。

2. 智能化生活服务在学生日常中的深入

随着数字化技术的不断发展，智能化生活服务已经深入到学生的日常生活中。这种服务模式的出现提高了学生的生活质量，更为学校提供了更加精准、个性化的服务手段。利用大数据和物联网技术，学校能够精准地了解学生的消费记录、活动轨迹等日常生活信息。例如，通过分析学生的校园卡消费数据，学校可以深入了解学生的饮食习惯、消费偏好等，从而为学生提供更加贴心、个性化的餐饮服务。同时，这些数据还可以帮助学校精准识别家庭经济困难的学生，为学生提供及时的经济援助和生活支持。此外，智能化生活服务还体现在对学生生活环境的智能监控和管理上。学校可以通过物联网技术对学生的宿舍环境进行实时监测，确保学生的生活环境安全、舒适。同时，智能化系统还可以根据学生的生活习惯和需求，自动调节宿舍的灯光、温度等环境因素，为学生创造一个更加宜居的生活环境。

（三）课后服务数字化

1. 课后服务数字化之智慧阅读

传统的阅读方式受限于纸质书籍的数量和种类，而数字化手段则为学生打开了一个无限广阔的知识宝库。学生不再局限于图书馆或书店的有限资源，而是可以通过电子设备随时随地阅读世界各地的优秀图书和文章。更为令人激动的是，智慧阅读不仅提供了海量的阅读资源，还通过智能测评和推荐功能，为每位学生生成了个性化的阅读书单。这种个性化的推荐系统基于大数据分析和机器学习算法，能够根据学生的阅读历史、兴趣偏好以及学业需求，精准地推荐适合的阅读材料。而且，数字化技术使得阅读不再是单向的信息传递，而是变成了一种双向的、多感官的体验。学生可以通过电子设备进行标注、笔记和分享，与作者和其他读者进行实时的交流和讨论。同时，多媒体元素的融入，如图文结合、音频视频辅助等，使得阅读过程更加生动有趣，有助于学生更深入地理解和掌握知识。

2. 课后服务数字化之趣味运动

在传统的体育运动基础上，数字化手段为运动课程注入了更多的科技元素和互动乐趣。以足球、篮球等热门运动项目为例，数字化技术的应用使得运动技巧的讲解和展示变得更加直观和生动。通过高清视频、3D 动画以及虚拟现实技术，教练可以向学生清晰地展示每一个动作的要领和细节，让学生在短时间内快速掌握运动技巧。同时，数字化技术还可以对学生的运动表现进行实时分析和反馈，帮助学生及时发现并纠正自己的错误动作。除了技能提升外，数字化技术还为趣味运动增添了更多的游戏元素和竞技性。通过智能设备和应用程序，学生可以参与到各种线上线下的运动挑战和比赛中，与来自世界各地的同龄人一较高下。这种跨地域的竞技交流不仅提高了学生的运动水平，还培养了学生的团队合作精神和竞争意识。值得一提的是，数字化技术还为运动安全提供了有力保障。通过实时监测学生的运动数据和生理指标，系统可以及时发现潜在的运动风险并给出预警提示，大大降低了运动损伤的风险，确保了学生在享受运动乐趣的同时能够保证身体健康。

第六章 数字化技术与高等教育评估的融合

第一节 高等教育评估的现状与问题

一、高等教育评估的意义

(一) 适应我国高等教育管理体制改革的需要

1. 高等教育评估与教育管理体制改革的关系

随着我国社会经济的不断发展和国际竞争的日益加剧，高等教育管理体制的改革成为提高教育质量、培养创新型人才的关键所在。在这一过程中，高等教育评估发挥着不可替代的作用。一方面，高等教育评估是推动教育管理体制改革的重要动力。传统的教育管理体制往往注重于行政命令和计划安排，忽视了教育活动的多样性和灵活性。而高等教育评估通过引入第三方评价机构，运用科学的方法和手段对高等教育的办学水平、教学质量、科研能力等多方面进行客观、公正的评价，从而打破了传统管理体制的束缚，促进了教育资源的优化配置和教育质量的整体提高。另一方面，高等教育评估也是检验教育管理体制改革成效的重要手段。通过评估，可以全面了解高等教育在改革过程中的成绩和不足，为进一步深化改革提供有力的决策依据。同时，评估结果还可以作为高等教育自我完善、自我发展的重要参考，推动高等教育不断提高办学水平和教育质量，以适应社会发展的需要。

2. 高等教育评估在促进教育公平与质量提高中的作用

在推动教育公平方面，高等教育评估通过标准化、透明化的评价过程，确保了教育资源的公平分配和有效利用。评估关注高等教育的办学条件和师资力量，更重视教育资源的均衡配置，从而避免了资源过度集中于部分地区或范围的现象，为广大学子提供了更为公平的受教育机会。在提高教育质量方面，高等教育评估发挥着至关重要的作用。评估通过引入先进的评价理念和科学的评价方法，对高等教育的教学质量、科研水平、社会服务等方面进行全面、深入的分析和评估。这有助于高等教育发现自身存在的问题和不足，更能为其改进和提高教育质量提供明确的方向和目标。同时，评估结果还可以作为高等教育间相互学习、交流的重要平台，推动教育质量的整体提高。此外，高等教育评估还有助于增强高等教育的社会责任感和使命感。通过评估，高等教育可以更加清晰地认识到自身在社会发展中的地位和作用，进一步明确自身的办学定位和发展方向。这有助于高等教育更好地履行社会责任，为社会培养更多具有创新精神和实践能力的高素质人才。

（二）确保高等教育教学质量并使之不断提高

1. 高等教育评估对确保教学质量的重要作用

高等教育评估的实施，使得教育教学的每一个环节都置于严格的审查之下。从课程设置到教学方法，从师资队伍到教学资源，评估工作都力求做到细致入微。这种全面的评估方式，确保了教育教学的每一个环节都符合既定的质量标准，从而保障了整体的教学质量。同时，评估过程中介入的外部评价机制和第三方评估机构，为高等教育提供了更加客观、公正的评价视角，有助于高等教育发现自身存在的问题和不足，进而有针对性地进行改进。此外，在评估过程中，高等教育需要不断反思自身的教育教学实践，探索更加符合时代需求和学生特点的教育教学模式。可以说，高等教育评估在确保教学质量方面发挥了不可替代的作用。它通过对教育教学的全面审视和客观评价，为高等教育提供了改进和提升的方向和动力。同时，评估过程中介入的外部评价机制和第三方评估机构，也为高等教育提供了更加广阔的视野和更加丰富的资源，有助于推动高等教育质量的整体提高。

2. 高等教育评估推动教学质量不断提高的机制

高等教育评估具有持续的周期性特点。这意味着评估工作不是一次性的任务，而是需要定期进行的常规工作。通过这种周期性的评估，高等教育可以不断检查自身的教学质量是否达到既定标准，并在每一次评估中发现新的问题和挑战。这种持续性的反馈机制，使得高等教育能够始终保持对教学质量的关注和改进，从而促进教学质量的不断提高。此外，高等教育评估还注重结果的运用和反馈。评估结果是对过去工作的总结，更是对未来工作的指导。高等教育需要认真分析评估结果，找出存在的问题和不足，并制定有针对性的改进措施。同时，评估结果也需要对全校师生进行公开和反馈，以便大家共同了解教学质量的现状和未来改进的方向。这种结果的运用和反馈机制，有助于形成全校师生共同参与教学质量提高的良好氛围。更为重要的是，在评估过程中，高等教育需要不断探索新的教育教学模式和方法，以适应时代的发展和学生的需求。

二、高等教育评估的现状

（一）评估体系日益完善

1. 高等教育评估体系的全面性与多维度评价

我国的高等教育评估体系经过多年的发展与实践，已经逐渐走向成熟与全面。这一体系不仅关注学校的硬件设施、师资力量等基础性资源，还深入到科研成果、教学质量以及学生满意度等多个层面，形成了一套多维度、全方位的评价机制。在硬件设施方面，评估体系会考察学校的教室、实验室、图书馆等教学资源的配备情况，确保学生能够在良好的学习环境中接受教育。师资力量的评估则侧重于教师的学术背景、教学经验和教学效果，以衡量学校是否拥有一支高素质的教师队伍。更为关键的是，现代高等教育评估体系还将科研成果作为重要评价指标之一。这不仅包括学术论文的发表数量和质量，还涉及科研项目的创新性和实用性，以及科研成果转化为实际应用的能力。通过这样的评价，可以激励高等教育在科研领域不断探索和创新，提升整体科研水平。同时，教学质量和学生满意度在评估体系中也占据了举足轻重的地位。教学质量评价主要考察课程设置是否合理、教学方法是否先进、学生是否能够真正掌握所学知识并灵活运用。而学生满意度则通过问卷调查、座谈会等方式收集学生的反馈意见，以了解学生对学校教育教学工作的真实感受，从而及时调整教学策略，提高教育服务质量。

2. 高等教育评估体系的完善与提高教育质量

现代高等教育评估不再仅仅关注表面的数量和规模，而是更加注重内涵式发展和教育质量的实质性提高。例如，在评价教学质量时，不仅看重教师的授课水平，还关注学生的学习成果和综合能力的发展；在评价科研成果时，不仅统计论文发表的数量，还强调研究成果的原创性和对社会的贡献。此外，高等教育评估体系的完善还体现在评价过程的公正性和透明度上。通过引入第三方评价机构、建立公开透明的评价机制、接受社会各界的监督等方式，确保了评价结果的客观性和公信力。这不仅有助于高等教育及时了解自身的优势和不足，也为社会提供了了解高等教育质量的可靠途径。

（二）评估实践不断丰富

1. 高等教育评估实践的多样化发展

近年来，我国高等教育评估实践呈现出越发多样化的趋势，这一变化不仅反映了教育领域的进步与创新，也体现了社会对高等教育质量日益增长的关注与期待。多样化评估实践的出现，是对传统单一评估模式的有力补充和完善，有助于更全面地揭示高等教育的办学实力和特色。在评估实践的多样化方面，定期的综合性评估仍然占据着重要地位。这类评估通常涉及高等教育的整体办学水平、师资力量、教学质量、科研能力等多个方面，是对高等教育综合实力的一次全面检验。通过综合性评估，可以客观地了解高等教育的整体办学状况，为高等教育的改进和提升提供重要参考。除了综合性评估外，针对特定学科、专业的专项评估也逐渐成为高等教育评估的重要组成部分。这类评估更加关注学科、专业的特色和发展状况，能够深入挖掘高等教育在某些领域的优势和不足。专项评估的实施，有助于高等教育更加精准地定位自己的发展方向，提升学科、专业的竞争力和影响力。此外，以教学质量、科研创新能力等为主题的专项检查也日渐增多。这类检查通常针对高等教育某一方面的具体工作进行深入剖析，旨在发现存在的问题并提出改进建议。通过专项检查，可以更加具体地了解高等教育在教学、科研等方面的实际情况，为高等教育改进工作提供有针对性的指导。

2. 高等教育评估实践丰富化的社会意义

高等教育评估实践的丰富化，提高了高等教育的透明度。通过定期公布评估结果和相关信息，公众可以更加直观地了解高等教育的办学质量、学科水平、师资力量等方面的情况。这种透明度的提高，有助于增强公众对高等教育的信任感，促进高等教育与社会之间的良性互动。同时，多样化的评估方式和标准，使得评估结果更加客观、公正、全面。这种公信力的提升，有助于高等教育在社会中树立良好形象，吸引更多优秀学子报考，进而增强整个高等教育体系的竞争力。此外，高等教育评估实践的丰富化还为公众提供了更多了解高等教育办学情况的有效途径。通过参与评估过程、查阅评估报告等方式，公众可以更加深入地了解高等教育的办学特色、教育理念、培养方式等方面的信息。这种了解的增加，有助于公众更加理性地选择适合自己的高等教育和专业，促进个人发展与社会需求的匹配。

(三) 评估结果影响力逐渐增强

1. 高等教育评估结果对声誉与资源的影响

在高等教育领域，评估结果的重要性日益凸显，它关乎学校的声誉，更直接影响到学校的招生与资源配置。一份优秀的评估报告，往往能够为学校赢得更高的知名度，进而在激烈的竞争中脱颖而出。这种知名度的提升，不仅为学校吸引了无数优秀的学子，还带来了更多优质的师资资源，从而进一步增强了学校的整体实力。评估结果优异，意味着学校在教学质量、学术研究、学生服务等方面均达到了较高的标准。同时，优秀的教师也会更倾向于加入这样的学府，因为教师相信，在这里能够有更好的学术氛围和发展空间。如此一来，学校的生源质量和师资力量都得到了显著提升，形成了一个良性的循环。

2. 高等教育评估结果与社会认可度的关联

高等教育评估结果是学校内部质量的反映，更是学校与社会各界沟通的重要桥梁。在当今社会，各方利益相关者都密切关注着高等教育的办学水平，学生通过评估结果来了解学校的综合实力和教学质量，从而作出相关的决策。对于企业而言，评估结果是其选择合作伙伴或招聘人才时的重要参考。一所评估结果优秀的学校，往往能够培养出更多具备专业技能和综合素质的毕业生，这些毕业生在就业市场上更具竞争力，也更容易受到企业的青睐。因此，评估结果的好坏，直接关系到学校毕业生的就业前景和社会认可度。

三、高等教育评估存在的问题

（一）评估文化缺失

1. 评估文化的缺失与高等教育评价的理念冲突

在高等教育的广阔天地中，评价的理念始终是一个核心议题。两种主要的评价观点"效率性"和"自主性"在理论上各有侧重，实践中却常常产生冲突。"效率性"理念强调的是标准化的衡量和比较，它追求的是可量化的优秀，是一种外在的、客观的评价标准。这种理念下的高等教育评价，往往以一系列具体的指标作为衡量大学优劣的准绳，比如博士点、硕士点的数量，科研经费的多少，获奖的数量等。这些硬性的指标虽然易于操作和比较，但可能忽略了大学教育和研究的复杂性和多样性。相比之下，"自主性"理念则更加尊重大学的独立性和特殊性。它认为，高等教育和研究有其固有的规律和特点，不能简单地用一把尺子去衡量所有大学。这种理念强调的是大学自身的评价和反思，是一种内在的、主观的评价方式。而在现实中，这种理念的实施却面临着诸多困难。由于历史和体制的原因，大学的主体性往往受到压制，缺乏自主评价的动力和能力。

这两种评价理念的冲突，在很大程度上导致了评估文化的缺失。在计划经济体制下，大学更多地被视为国家的事业单位，而非独立自主的学术机构。这种体制下的大学，缺乏竞争意识和评价文化生长的土壤。很多高等教育对评估的作用和功能认识不充分，只看重评价的结果，而忽视了评价过程的内涵和价值。这种功利性的心态，使得评价仅仅成了一种行政手段，而失去了其应有的教育意义。

2. 评价文化的积累、传播与高等教育体制的改革

评价文化的积累和传播，是高等教育评价发展中不可忽视的问题。而在当前的体制下，这一问题的解决却面临着诸多困难。其中，最大的困难之一就是高等教育体制本身所带来的行政本位问题。在这种体制下，大学的文化个性和办学活力受到压制，自主评价的积极性也受到影响。对此，这就需要改革高等教育体制，增强大学的主体性和自主性。这包括赋予大学更多的办学自主权、鼓励大学根据自身的特点和优势进行个性化的办学实践等。同时，也要建立更加科学、合理的评价体系，引导大学注重内涵式发展，而非仅仅追求外在的指标和排名。而且，要加强评价文化的积累和传播，这包括加强对评价理念、方法和技术的宣传和培训，提高教师和学生对评价的认识和理解。同时，也要积极推广成功的评价案例和经验，为其他大学提供借鉴和参考。另外，也要加强对评价结果的反馈和运用，让评价真正成为推动高等教育质量提高的有力工具。

（二）功能发挥欠佳

1. 高等教育评估功能的未完全发挥与市场经济的挑战

在社会主义市场经济的大背景下，高等教育评估的功能理应与时俱进，充分发挥其多方面的作用。而当前的高等教育评估多半仍停留在行政监督和检查的层面，这在一定程度上限制了评估的广度和深度。市场经济强调的是竞争与选择，这同样适用于高等教育领域。大学的优秀与否，应更多地由市场来评判，由作为"消费者"的学生及其家长，以及用人单位的反馈来决定。在此背景下，高等教育评估需要转变其传统的角色定位，从单纯的监督者转变为引导者和服务者。评估的目的不应仅仅是找出问题，更重要的是为学校指明改进的方向，提供提高教育质量的路径。同时，评估结果也应成为学生

和家长选择学校、用人单位挑选人才的重要参考。要实现这一目标，评估机构需要加强与各方的沟通与合作，确保评估结果的公正性、科学性和透明度。另外，市场经济下的高等教育评估还应关注学校的创新能力和社会服务能力。这些能力是衡量一所大学是否适应市场需求、是否具有持续发展潜力的重要指标。通过将这些指标纳入评估体系，可以更有效地引导高等教育优化专业设置、改进教学方法、加强产学研合作，从而更好地服务经济社会。

2. 评优排序与高等教育评估的激励竞争作用

评优排序作为高等教育评估的一种重要手段，理应成为激发高等教育间竞争、提升办学水平的催化剂。而在现实中，这一功能的发挥却往往受到诸多限制。为了充分发挥评优排序的激励竞争作用，我们需要重新审视评估的目的和方法。评优排序不应仅仅是一种行政行为，而应成为高等教育自我提升的动力源泉。通过公开、公平、公正的评估过程，评选出在教育教学、科学研究、社会服务等方面表现突出的高等教育，既可以为这些学校带来更多的资源和机会，也能激励其他学校不断改进和提高。同时，每所高校都有其独特的办学理念和历史传承，评估过程中应充分考虑这些因素，避免"一刀切"的评价标准。通过挖掘和宣传每所高校的特色和亮点，不仅可以增强学校的品牌影响力和社会认可度，还能促进学生的个性化发展和创新能力的培养。此外，评优排序的结果应及时向社会公布，接受公众的监督和质疑。这不仅可以增强评估的透明度和公信力，还能促使高校更加注重办学质量和效益的提高。

第二节　数字化技术在教育质量评估中的应用

一、数字化技术对于高等教育评估的影响

（一）提升评估的精确性和全面性

1. 数字化技术提升高等教育评估的精确性

在传统评估模式中，由于数据收集的局限性和处理方式的主观性，评估结果往往存在一定的误差和不准确性。而数字化技术的引入，特别是网络学

习平台等工具的广泛应用，使得评估人员能够获取更为精确和详尽的数据，进而对学生的学习效果进行更为客观的评估。通过网络学习平台，学生的学习行为数据、学习成绩数据等得以被全面记录。评估人员可以利用这些数据，对学生的学习进度、学习时长、互动频率等各个方面进行深入分析。此外，数字化技术还提供了强大的数据分析工具，使得评估人员能够对海量数据进行深度挖掘和精准分析。这些工具可以对学生的学习数据进行多维度的对比和关联分析，从而更精确地评估学生的学习效果。例如，通过对学生在线学习活动的跟踪和分析，可以发现学生在学习过程中的难点和疑点，为教师提供有针对性的教学建议，进而提高教学质量。因此，数字化技术在提升高等教育评估精确性方面发挥了重要作用。它使得评估结果更加科学、客观，为高等教育的教学质量改进和学生个性化教育提供了有力支持。

2. 数字化技术增强高等教育评估的全面性

在传统的评估模式中，由于信息收集的局限性，评估往往只能触及学生学习的表面层面，难以全面反映学生的实际学习情况和需求。然而，随着数字化技术的引入，特别是网络学习平台的广泛应用，评估人员得以从更多维度更全面地了解学生的学习状况。网络学习平台能够实时记录学生的学习活动，包括学习时长、学习进度、作业完成情况、在线讨论参与度等，这些数据为评估提供了丰富的素材。评估人员可以通过这些数据，全面了解学生在学习过程中的表现，发现学生的学习特点和问题所在。此外，数字化技术还使得评估能够贯穿学生学习的全过程，实现动态跟踪和及时反馈，从而更全面地评估学生的学习效果。除了对学生学习的全面评估，数字化技术还有助于评估人员更全面地了解教师的教学情况和课程质量。通过在线教学平台，可以收集教师的教学资料、教学日志以及学生的反馈意见等信息，对教师的教学水平和课程质量进行全面评价。

（二）提高评估效能

1. 数字化技术提高高等教育评估的数据收集与分析效能

在高等教育评估领域，数字化技术的引入显著提高了数据收集与分析的效能。以往，传统的问卷调查需要耗费大量的人力物力去发放、回收和处理问卷，过程烦琐且效率低下。而如今，通过在线问卷调查工具，评估人员能够迅速地触及广泛的受访者群体，无论是在校学生、教职员工还是校友，都能在短时间内完成问卷的填写。这种在线调查方式不仅加快了数据收集的速度，还大大提高了数据的准确性和完整性。在线问卷可以设置必答题和验证机制，确保每一份回收的问卷都有效且信息完整，从而降低了数据清洗和整理的工作量。此外，数字化技术还使得数据分析变得更为便捷和深入。利用数据分析软件，评估人员可以轻松地对大量数据进行统计、比较和趋势分析，进而得出更为客观和科学的评估结论。数字化技术在数据收集与分析方面的应用，不仅提高了高等教育评估的效能，还为评估工作的科学性和准确性提供了有力保障。评估人员可以更加专注于分析数据和解读结果，以便为高等教育的教学质量提升和改革发展提供更为精准的建议和方案。

2. 数字化技术促进高等教育评估信息的共享与交流

在过去，评估信息往往被局限在纸质文档或孤立的电子文件中，难以实现广泛的共享和深入的交流。而现在，通过数字化平台，评估信息可以轻松地被整合、发布和检索，使得相关人员能够随时随地获取所需信息。这种信息共享的机制极大地促进了高等教育评估工作的透明度和公正性。无论是校内的教学人员、管理人员，还是校外的利益相关者，都可以通过数字化平台了解到高等教育的评估情况，从而对学校的教学质量有一个更为全面和客观的认识。此外，教师可以通过在线评估平台进行评课和评教，分享自己的教学经验和观点，同时汲取他人的教学智慧，这不仅有助于提升教师的教学水平，还能推动高等教育教学资源的优化配置和教学方法的创新。

（三）推动教学创新与评估体系的完善

1. 数字化技术推动教学创新

传统的课堂教学方式，往往局限于固定的教室和有限的时间，难以适应现代社会的快速变化与学生的个性化需求。而数字化技术的出现，则打破了这一束缚，为教学带来了无限的可能性。在教学方式上，数字化技术为教师提供了更多的选择。例如，在线教育平台的兴起，使得学生可以随时随地通过网络学习新知识。这种学习方式不仅灵活便捷，还可以根据学生的兴趣和需求进行个性化定制。同时，数字化技术也促进了教学内容的多样化。通过多媒体教学资源、虚拟实验等手段，学生可以更加直观地理解抽象概念，提高学习效果。此外，数字化技术还催生了诸如翻转课堂、协作学习等新型教学模式，使得教学更加注重学生的参与和互动，培养了学生的创新思维和合作能力。在教学创新的过程中，数字化技术也发挥了不可或缺的作用。它使得教师可以更加便捷地获取和分享教学资源，促进了教育领域的交流与合作。同时，数字化技术还为教学创新提供了科学的评价手段。通过数据分析、学习轨迹追踪等方式，教师可以更加准确地了解学生的学习情况，为教学创新提供有力的支持。

2. 数字化技术完善高等教育质量评估体系

传统的评估方式往往依赖于人工收集和分析数据，效率低下且易出错，难以全面、准确地反映教学质量和学生的学习效果。而数字化技术的应用，则使得评估工作更加科学、高效和精准。一方面，数字化技术为评估数据的收集提供了便利。通过在线学习平台、智能教学系统等工具，可以实时记录学生的学习行为、成绩变化等信息，形成大量的数据资源。这些数据不仅为评估者提供了丰富的素材，还使得评估过程更加客观、公正。另一方面，数字化技术也为评估数据的分析提供了强大的支持。利用数据挖掘和分析技术，可以对学生的学习情况进行深度挖掘，发现其潜在的学习规律和问题，为教学改进提供有针对性的建议。此外，传统的评估指标往往侧重于学生的考试成绩和课堂表现，难以全面反映学生的综合素质和创新能力。而数字化技术的应用，则使得评估指标更加多元化、个性化。例如，可以通过分析学生的学习轨迹、参与在线讨论的情况等数据，来评价学生的自主学习能力、批判性思维等方面的能力。这更加符合现代教育的理念，也更能反映学生的真实水平和潜力。

二、数字化技术在高等教育质量评估中的运用

（一）数字化技术提供了丰富多样的评估工具

1. 数字化技术为高等教育评估提供多样化工具

在传统的高等教育评估中，评估人员往往依赖于纸质问卷、手工统计和主观判断等方式，这些方法虽然有一定的效果，但在数据的收集、处理和分析方面存在诸多限制。而数字化技术的引入，彻底改变了这一局面。如今，评估人员可以利用各种在线问卷工具，轻松地设计和发布问卷，快速收集大量学生的反馈数据。这些数据不仅可以实时统计和分析，还能以直观的图表形式展现，让评估人员一目了然地了解学生的需求和意见。此外，数字化技术还提供了诸如学习管理系统、在线测试平台等工具，这些工具能够详细记录学生的学习行为、成绩变化等信息。评估人员可以通过这些数据，对学生的学习过程进行全面深入的分析，从而更准确地评估学生的学习效果和课程的教学质量。

2. 数字化评估工具在高等教育中的创新应用

数字化技术在高等教育评估中的应用，已经超越了传统工具的范畴，展现出前所未有的创新性和实用性。这些数字化评估工具，不仅具备强大的数据收集和分析能力，还能够根据特定的评估需求进行定制化设计，满足高等教育评估的多样化要求。在线评估系统就是数字化技术的一项重要创新。这类系统能够为学生提供即时的反馈，帮助学生了解自己的学习进度和掌握情况。同时，系统还能为教师提供详细的学生学习数据，让学生能够根据学生的实际情况调整教学策略，实现更加个性化的教学。此外，VR 技术和 AR 技术也被引入到高等教育评估中，为评估提供了全新的视角。通过这些技术，可以模拟出真实的教学环境，让学生在虚拟空间中进行实践操作，评估人员则可以根据学生在虚拟环境中的表现，对学生的实践能力和学习效果进行更为客观的评估。

（二）数字化技术通过精准化评估提高高等教育质量

1. 数字化技术实现精准化评估，优化高等教育教学流程

随着数字化技术的快速发展，其精准化评估的能力为高等教育质量的提高提供了强大的支持。数字化技术通过收集和分析大量教学数据，能够深入洞察教学过程中的每一个环节，从而实现对教学质量的精准评估。通过数字化技术，教师可以实时追踪学生的学习进度，了解每个学生的学习特点和需求。同时，数字化技术还能够分析课堂互动、教学资源利用等多个维度的数据，帮助教师发现教学中的问题和不足。这些精准的数据反馈，使得教师能够及时调整教学策略，优化教学流程，确保教学目标的顺利实现。此外，数字化技术的精准评估还能够促进教学资源的优化配置。通过对教学数据的深度挖掘，可以发现哪些教学资源得到了充分利用，哪些资源存在浪费现象。基于这些数据，学校可以更加合理地配置教学资源，提高资源利用效率，为教学质量的提高提供有力保障。

2. 数字化技术助力精准化评估，提高高等教育人才培养质量

高等教育作为人才培养的重要基地，其质量直接关系到国家的未来和民族的希望。数字化技术的精准化评估能力，为提高高等教育人才培养质量提供了重要支撑。通过数字化技术，高等教育机构可以建立起全面、细致的学生学习档案，记录学生在学习过程中的每一个阶段和每一个细节。这些档案不仅包括学生的成绩、作业、课堂表现等传统数据，还包括学生在学习过程中的情绪变化、兴趣爱好、社交关系等更为丰富的信息。通过对这些数据的深入挖掘和分析，可以揭示出学生在学习和发展中的潜在问题和优势，为个性化教育提供有力支持。同时，数字化技术还可以实现对学生学习进度的实时监控和预测。通过对学生学习数据的持续跟踪和分析，可以预测学生在未来一段时间内的学习趋势和可能遇到的问题。这种预测能力使得高等教育机构能够提前介入，为学生提供有针对性的辅导和支持，避免学生在学习中出现偏差或陷入困境。此外，数字化技术的精准化评估还有助于高等教育机构构建科学的评价体系。通过对不同专业、不同课程、不同学生的数据进行比

较和分析，可以发现教学中的共性问题和差异点，为教育政策的制定和改革提供科学依据。这种科学的评价体系不仅能够促进高等教育质量的持续提高，还能够推动高等教育向更加公平、更加优质的方向发展。

（三）数字化技术强大的数据收集功能与分析功能提高高等教育质量

1. 数字化技术的数据收集功能

数字化技术强大的数据收集功能，使教育工作者能够更加准确和全面地了解学生的学习情况，从而提高高等教育质量。传统的高等教育主要依靠考试成绩、作业和课堂出勤等信息来衡量学生的学习情况，但这些信息往往不够全面。数字化教育平台可以通过记录学生的学习行为、参与度、学习时间等数据，更全面地了解学生的学习情况。例如，在线教育平台可以记录学生的视频观看时间、在线测试成绩、论坛互动情况等数据，这些数据可以帮助教师更好地了解学生的学习进度和困难点，从而提供更有针对性的教学。而且，在传统的教育中，数据的收集往往依赖于人工记录和统计，容易出现错误和遗漏。数字化技术可以通过自动化的数据采集和分析，避免这些问题。例如，在线考试系统可以自动批改学生的试卷，并记录学生的答题情况和得分，这大大提高了工作的准确性和效率。数据分析是实现数字化技术应用的关键。通过对收集到的数据进行分析，教育工作者可以发现学生的学习规律和问题，从而制定更有效的教学策略。例如，通过分析学生的在线测试成绩和作业完成情况，教师可以发现学生的学习难点，并提供相应的帮助和支持。

2. 数字化技术的数据分析功能

数字化技术的数据分析功能，不仅可以帮助教师更好地了解学生的学习情况，还可以为学校提供更全面的教学质量评估和管理。例如，通过分析学生的学习成绩、毕业率、就业情况等数据，学校可以评估教学质量和课程设置的合理性，并及时调整教学计划和课程设置，以提高教学质量和学生的就业竞争力。数字化技术的数据分析功能，还可以帮助教育管理者更好地了解学校的运营情况和趋势。例如，通过分析学校的财务数据、招生数据、就业率等数据，教育管理者可以及时发现学校的问题和挑战，并制定相应的解决方案。此外，数字化技术还可以通过数据分析为学校提供更科学的决策支持，根据学校的发展目标和战略，为学校提供更合理的资源配置和发展规划。

第三节　基于大数据的学习分析与评估

一、大数据在高等教育学习分析中的运用

（一）利用大数据技术评估学生学习效果

1. 大数据技术在学生学习效果评估中的应用与价值

大数据技术以其强大的数据处理能力和分析深度，为学生学习效果的精准评估提供了有力支持。通过收集学生在学习过程中的各类数据，如在线学习时长、作业完成情况、课堂互动频率等，大数据技术能够构建起一个全面、多维度的学习画像。这一画像反映了学生的基本学习情况，更能够揭示出学生在学习态度、能力发展、知识掌握等方面的深层次信息。传统的评估方式往往依赖于单一的考试成绩或教师的主观评价，难以全面、客观地反映学生的学习效果。而大数据技术则能够通过对海量数据的分析，挖掘学生在学习过程中的细微变化和潜在规律，从而为学生学习效果的评估提供更加科学、准确的依据。此外，大数据技术还具有实时性、动态性的特点，能够实时跟踪学生的学习进度和效果，为教师提供及时的反馈和建议，有助于教师根据学生的实际情况调整教学策略，提升教学质量。除了评估的准确性，大数据技术在学生学习效果评估中还具有广泛的应用前景。通过对学生学习数据的深度挖掘和分析，教师可以发现学生在学习中的优势和不足，为学生提供个性化的学习指导和建议。同时，大数据技术还可以用于预测学生的学习趋势和潜在问题，帮助教师提前制定有针对性的教学策略，避免学生陷入学习困境。

2. 大数据技术提升学生学习效果评估的精准性与个性化

在传统的教学评估中，学生的学习效果往往被简单地以成绩高低来衡量，这种单一的评估方式忽略了学生个体的差异性和多样性。而大数据技术则能够通过对学生学习数据的全面收集和分析，构建出每个学生的学习画像，从而实现对学生学习效果的精准评估。而且，每个学生都是独一无二的个体，学生在学习过程中的表现和需求也各不相同。通过大数据技术，教师可以深入了解每个学生的学习特点、兴趣爱好和潜力所在，从而为每个学生提供个性化的学习指导和建议。这种个性化的评估方式不仅能够更好地满足学生的需求，激发学生的学习兴趣和动力，还能够促进学生的全面发展。同时，在传统的教学评估中，教师往往只能在期末或学期结束时才能获得学生的学习成绩和反馈，这使得教学调整和改进变得滞后和被动。而大数据技术则能够实时收集和分析学生的学习数据，为教师提供实时的反馈和建议，使教师能够根据学生的实际情况及时调整教学策略和内容，提高教学质量。此外，大数据技术在学生学习效果评估中的应用还能够促进教育资源的优化配置和共享。通过对大量学习数据的分析，可以发现学生的学习需求和兴趣点，从而为教育资源的配置提供科学依据。

（二）利用大数据技术实时监测学生学习进度

利用大数据技术实时监测学生学习进度，已经成为提高教育质量的重要手段之一。大数据技术可以收集学生的学习数据，包括学习时间、学习内容、学习成绩等。这些数据可以通过学生使用的学习平台、教育软件、考试系统等多种途径进行收集。通过对这些数据的分析，教师可以实时了解学生的学习情况，包括学生的学习进度、学习效果、学习困难等。例如，通过分析学生的学习时间，教师可以了解学生在不同课程上的学习投入情况，从而调整教学策略，提高学生的学习效率。通过分析学生的学习成绩，教师可以了解学生对不同知识点的掌握情况，从而有针对性地进行辅导和教学。此外，大数据技术还可以分析学生的学习行为，包括学生的学习习惯、学习方式、学习兴趣等，从而为学生提供个性化的学习推荐和指导。而且，大数据技术在学生学习进度监测中的应用，不仅可以提高教学质量，还可以为学生提供更好的学习体验。通过实时监测学生的学习进度，教师可以及时发现学生的学习问题，并提供相应的帮助和支持。同时，学生也可以通过大数据技术了解自己的学习情况，及时调整学习策略，提高学习效果。

（三）利用大数据技术评估教师教学过程

1. 大数据技术在教师教学过程评估中的创新应用

传统的教师教学过程评估往往依赖于听课、评课等主观性较强的方式，难以客观、全面地反映教师的教学水平和实际效果。而大数据技术的应用，则可以通过对教师教学过程中的各项数据进行收集、分析和挖掘，实现对教师教学过程的精准、客观评估。一方面，大数据技术能够收集丰富多样的教学数据。这些数据不仅包括教师的教学计划、教案、课件等静态资料，还包括教师在课堂上的教学行为、学生的学习反馈、课堂互动情况等动态信息。通过对这些数据的收集，可以构建一个全面、立体的教师教学过程画像，为评估提供充足的数据支持。另一方面，大数据技术能够对教学数据进行深度分析和挖掘。通过对教学数据的分析，可以揭示出教师在教学过程中存在的问题和不足，如教学方法单一、课堂氛围沉闷等。同时，还可以发现教师在教学中的优点和特长，如善于引导学生思考、注重培养学生的创新能力等。这些分析结果可以为教师提供有针对性的改进建议，帮助学生提升教学水平。此外，大数据技术的应用还可以实现教师教学过程评估的实时性和动态性。传统的评估方式往往需要在教学结束后进行，评估结果具有滞后性。而大数据技术可以实时收集和分析教学数据，为教师提供及时的反馈和建议。

2. 大数据技术在提高教师教学过程质量中的积极作用

大数据技术能够助力教师优化教学策略。通过对大量教学数据的分析，教师可以深入了解学生的学习需求和特点，从而有针对性地调整教学内容和方法。例如，针对学生的学习难点和薄弱环节，教师可以设计更具针对性的教学活动和练习，帮助学生更好地掌握知识和技能。同时，大数据技术还能够提升教师的教学反思能力。通过对教学数据的回顾和分析，教师可以清晰地看到自己的教学表现和改进空间，从而更加深入地反思自己的教学过程和方法。这种反思有助于教师发现问题和不足，更能够激发学生的创新精神和实践能力，推动教学质量的持续提高。此外，大数据技术的应用还可以促进教师之间的交流和合作。通过共享和分析教学数据，教师们可以相互借鉴和学习优秀的教学经验和做法，共同提高教学质量和水平。

二、基于大数据基础的高等教育教学评估

（一）数据驱动的精准评估

1. 大数据技术在高等教育精准评估中的应用

在高等教育领域，通过大数据技术，教学评估不再仅仅依赖于有限的样本或主观判断，而是可以基于庞大的数据集进行全面、深入的分析。这种数据驱动的精准评估，为高等教育质量的提高提供了强有力的支持。大数据技术使得评估人员能够收集到学生在学习过程中的各种数据，包括课程学习时长、作业完成情况、课堂互动频率以及在线学习平台的活动记录等。这些数据不仅规模庞大，而且具有多维度和细粒度的特点，能够全面反映学生的学习状态、进度和效果。例如，通过分析学生在线学习的点击流数据，可以追踪学生的学习路径，了解学生在学习过程中的偏好和难点；通过挖掘作业和测试成绩数据，可以精准地评估学生对知识点的掌握情况。大数据技术的另一个重要优势是，它能够对这些多维度的数据进行深度挖掘和关联分析。通过构建数据模型和算法，评估人员可以发现数据之间的内在联系和规律，从而更准确地揭示学生的学习状况和教师的教学效果。这种基于数据的精准评估，不仅避免了传统评估中的主观性和片面性，还能为教学改进提供更为客观、科学的依据。

2. 数据驱动精准评估对高等教育质量提高的影响

传统的评估方式往往只能提供有限的信息，难以全面反映教学和学习的真实情况。而基于大数据的精准评估，则能够通过收集和分析学生在学习过程中的各种数据，为教师提供更为准确、及时的教学反馈。这种精准的反馈

机制，使得教师能够更清楚地了解学生的学习需求和问题所在，从而调整教学策略，优化教学内容。例如，当发现某个知识点的学习效果不佳时，教师可以及时增加相关的教学资源和练习，以帮助学生更好地掌握知识。同时，精准评估还能揭示教学中的优点和不足，为教师提供有针对性的改进建议。这不仅有助于提升教师的教学水平，还能激发学生的学习兴趣和动力，进一步提高教学质量。此外，通过对教学和学习数据的深入分析，教育机构可以更准确地把握教学质量和学生的学习状况，从而制定出更为合理、科学的教学计划和政策。

（二）实时反馈与动态调整

1. 实时反馈在高等教育质量评估中的应用与价值

大数据技术使得教学评估能够跳出传统的静态框架，实现对学生学习状态的实时监测。这种技术的引入，让教师和学生能够在第一时间获得关于教学效果和学习状态的反馈信息。通过大数据分析工具，教育机构和教师可以追踪学生的学习轨迹，包括在线学习时间、作业完成情况、测试成绩等多元数据。当学生在学习过程中遇到难点或产生疑惑时，这些数据会呈现出特定的模式，从而触发预警系统。例如，如果学生在某一章节的学习时间明显低于平均水平，或者作业错误率显著上升，系统就会自动向教师发送提醒，指示可能存在的问题区域。而且，在传统模式下，教师往往需要等到考试或作业批改后才能了解学生的学习状况，而此时可能已经错过了最佳的辅导时机。实时反馈则让教师能够在学生遇到困难的初期就介入，提供及时的指导和帮助。对于学生而言，实时反馈也让学生能够更清晰地认识自己的学习状态，及时调整学习策略。学生不再是被动的知识接受者，而是成为能够主动监控和调整自己学习进程的学习者。这种转变不仅提升了学生的学习效率，也培养了学生的自主学习能力和问题解决能力。

2. 动态调整在提高高等教育质量中的关键作用

传统的教学方式往往是"一刀切"，缺乏对个体差异的充分考虑，而动态调整则允许教师根据学生的学习进度和反馈，灵活地调整教学内容和方法。

而当教师通过大数据分析工具捕捉到学生的学习问题时，学生可以迅速地调整教学计划，以适应不同学生的需求。例如，对于学习进度较快的学生，教师可以提供更多的挑战性任务和拓展阅读材料；而对于学习进度较慢或遇到困难的学生，教师则可以提供更多的辅导和支持。这种动态调整的教学策略不仅有助于提升学生的学习效果，还能够激发学生的学习兴趣和动力。学生感受到自己的学习需求得到了关注和满足，会更愿意投入学习中，从而形成良性循环。此外，动态调整还有助于教师不断优化自己的教学方法。通过不断地试错和调整，教师可以找到最适合当前学生群体的教学方式，从而提高整体的教学质量。

第七章　数字化技术驱动下的高等教育创新

第一节　创新教育理念与数字化技术的结合

一、创新教育理念概述

（一）创新教育的概念

1. 创新教育的历史演变与现代社会的重要性

创新教育，作为一个深远影响教育理念与实践的思潮，其起源并非在教育领域，而是由美国经济学家熊彼得在经济领域内首次提出。他将这一理念描述为在经济活动中引入新思想、新方法，以实现经济增长和社会发展的过程。然而，随着时间的推移，人们逐渐认识到创新不局限于经济层面，它更是一种广泛的社会现象，可以渗透到社会生活的各个方面，尤其是教育领域。在教育领域中，创新教育的理念被赋予了新的内涵和使命。它不再仅仅是经济活动中新思想的引入，而是强调在教育教学过程中，激发学生的创新思维，培养学生的创新能力。这种转变，既是对传统教育模式的挑战，也是对现代教育理念的升华。特别是在当前这个知识经济时代，创新能力已经成为衡量一个国家综合实力的重要指标，而创新教育则是培养这种能力的关键。进入21世纪，随着科技的飞速发展和全球化的深入推进，社会对人才的需求发生了显著变化。单纯的知识积累已经不能满足时代的需求，而具备创新精神和实践能力的人才则成了社会的稀缺资源。正是在这样的背景下，创新教育被提到了前所未有的高度。它不再是一个空洞的口号或理念，而是被具体化为一系列教育实践活动，旨在培养学生的创新思维和创新能力。创新教育在现代社会中的重要性不言而喻。它是教育改革的重要方向，更是培养新时代人才的必由之路。通过创新教育，学生可以学会如何面对挑战，如何创造性地解决问题，如何在不断变化的环境中保持竞争力。这些能力，正是现代社会对人才的基本要求。因此，无论是在基础教育还是高等教育中，创新教育都应该被视为一项长期而系统的工程，需要教育者、学生、家长乃至全社会的共同努力和推动。

2. 创新教育与高等教育之间的联系

与传统的教育模式相比，创新教育更注重学生的个性发展和实践能力的培养，它鼓励学生跳出固定的思维框架，勇于探索未知，敢于挑战常规。在高等教育的实际教学中，创新教育的运用是多方面的。它不仅体现在课程设置上，引入了更多跨学科、综合性的课程，还体现在教学方法上，采用了项目式学习、翻转课堂等创新的教学方式。这些变革旨在激发学生的学习兴趣，培养学生的自主学习能力和创新思维。除此之外，高等教育中的创新教育还特别强调实践教学环节。通过实验、实训、实习等多种形式，让学生在实践中学习，在学习中实践，从而真正将理论知识与实践技能相结合，培养出既懂理论又有实践经验的高素质人才。

（二）创新教育理念的内涵

1. 超越性

就其本质而言，创新教育旨在引导和激励学生持续超越与前进，它蕴含着对挑战的迎接、对障碍的跨越以及对新知的渴求。在这一教育理念下，学生被鼓励去克服前进道路上的种种困难，是为了获取新的知识，更是为了能在这一过程中实现自我超越，打破现状的束缚，去主动改造所处的世界，为自己和他人创造更为美好的生活环境。创新教育不满足于学生当前的状态，而是促使学生不断提升个人的能力和修养。它还要求教师不能仅仅是传统知识的传递者，更要成为学生探索未知、突破障碍的引路人。如果教师只是墨守成规，依据教科书和教学参考标准行事，那么学生就难以在学习中体验到真正的超越与创新。相反，教师应该满怀激情地引领学生去面对和解决问题，激发学生的探究欲望，帮助学生在学习和生活的道路上实现质的飞跃。要想达到真正的超越，学生需要拥有改造外部世界的勇气，更需要有不满足于自我现状、持续自我提升的内在动力。这种动力源于对自我能力的不断挑战和对更高境界的向往。在这一过程中，教师的角色至关重要，需要关注学生的外在表现，更要深入了解学生的内心世界，激发学生的自我认识和自我要求。通过引导学生进行自我教育，帮助学生自觉地设定奋斗目标，进而实现从当下自我到理想自我的转变。

2. 探究性

在创新教育的实践中，探究性是一个至关重要的元素。教育活动若缺乏对问题的深入探究，学生就无法被有效地吸引并投入学习中。没有探究，学生便不会积极主动地参与讨论，也无法展开独立的思考，更无从谈起在思维碰撞中迸发出新的灵感与智慧。因此，学生的思维能力在这种环境下难以得到实质性的锻炼和提升。探究性学习是创新性学习与应用的基石。缺乏了深入探究的过程，创新性的学习就变得无从谈起，应用层面的创新更是遥不可及。从这个角度来看，探究在创新教育中占据了举足轻重的地位，它是激发学生创新精神、培养学生创新能力的重要环节。在教学中，教师应当大力鼓励学生进行独立思考，培养学生积极探索未知领域的勇气。通过独立思考，学生不仅能够形成自己独到的见解和设想，还能够将这些思考和设想转化为具有个人特色的创新性作业。这一过程不仅锻炼了学生的思维能力，也极大地提升了学生的创新意识和实践能力。同时，教师在引导学生探究的过程中，还应注意拓宽学生的知识视野。通过接触和了解不同领域的知识，学生能够更加全面地认识世界，为未来的创新发展打下坚实的基础。此外，教师还应致力于培养学生对探究的兴趣，让学生能够在探究的过程中发现乐趣，从而更加积极地投入创新性思考和学习中。通过这样的教育方式，学生能够获得知识和技能的提升，更能够养成创新性思考和学习的良好习惯。这种习惯将伴随学生一生，成为学生不断追求卓越、实现自我创新的重要动力。因此，在创新教育中，探究性是一个不可或缺的重要环节，它对于培养学生的创新精神和实践能力具有深远的意义。

3. 全面性

在创新教育的理念中，全面性是一个核心要素。它强调教师在教育过程中应引导学生广泛掌握基础知识，同时多方面开发学生的潜能，以促进学生的全面发展。这种全面性的培养不仅为学生未来的创新活动奠定了坚实的基础，而且也是实现个人成长与超越的重要前提。为了达成这一目标，教师需要不断拓宽学生的知识面，鼓励学生博览群书，以广泛的学识作为创新的基石。同时，教师也要培养学生对某一学科的专长，但同时要明确，学习不应有所偏废，任何知识领域的空白都可能成为创新的阻碍。在学生的发展过程中，教师要关注学生的认知能力提升，更要注重兴趣、情感与意志等非智力品质的培养。这些非智力因素在创新过程中同样发挥着不可或缺的作用。在认知层面，教师不能只重视思维能力的训练，观察、记忆、想象等能力的培养同样重要。这些能力相互补充，共同构成了创新的思维基础。此外，在思维训练中，教师既要重视以逻辑思维为基础的复合思维，也要关注以形象思维为基础的发散思维。这两种思维方式在创新过程中各有优势，不可偏废。创新不仅仅依赖于一两种素质或某一方面的能力，它需要的是人的整体素质的全面提升和协调运用。为了实现创新，学生需要将个人的全部经验、智慧、能力、情感和意志以最佳方式组合起来，并在解决问题的过程中灵活运用。这种全面性的发展并不是要求学生面面俱优，而是要根据学生的实际情况和个性特点，引导学生全面而自由地发展自己的潜能和才华。

（三）创新教育与传统教育的本质区别

创新教育涵盖的层面相当广泛，它触及教育的终极目标、教学方法的革新与教育内容的优化，更要求对教育系统进行全面改革。其核心理念在于培养学生的创新素质与能力。尽管创新教育与传统教育同为教育的一种表现形式，但二者在本质上存在显著差异（见表7-1）。创新教育致力于激发学生的创新思维，培养其勇于探索与创新的精神，而传统教育则更注重知识的直接传授。

表 7-1　传统教育与创新教育的对比

	传统教育	创新教育
培养目标	培养出的人才是"知识生产者"，就是具备对精确领域问题加以解决的能力的人才	培养出的人才是"生产知识者"，就是具备对模糊领域问题加以解决的能力的人才
强调重点	将模仿和继承作为强调的重点，还要有较强的适应当今社会的能力	将变动和发展作为强调的重点，还要有较强的应变未来社会的能力
教学要求	教学标准较低，强调全面平推	教学标准较高，强调单项突破
获取知识	强调信息在储存、积累方面的能力	强调信息在提取、加工方面的能力
学习态度	被动接受	积极主动
学习思维	集中	扩散
教学形式	提供结论性的东西，是结论性教学，给学生现成的、唯一的标准答案	学习的思维过程，是过程性教学，提倡探索的设想方案并进行选择和决策

（四）创新教育理念的构成

作为一种新兴的教育理念，创新教育始终聚焦于人的创新素质培养。这种创新素质不局限于技能和知识的创新，更广泛地涵盖创新意识、创新精神、创新思维、创新人格以及与之相辅相成的实践能力。在创新教育的丰富内涵中，培养创新意识与锻炼创新能力无疑是核心所在。创新意识的培养是创新教育的基础，它为学生的创新思维和创新能力提供了源源不断的动力。而创新能力的锻炼与提高，则是在创新意识的基础上，使学生能够将创新思维转化为实际行动，进而实现个人和社会的创新与进步。这两者相辅相成，共同构成了创新教育的核心框架。创新教育的核心构成在图7-1中有直观的展示。

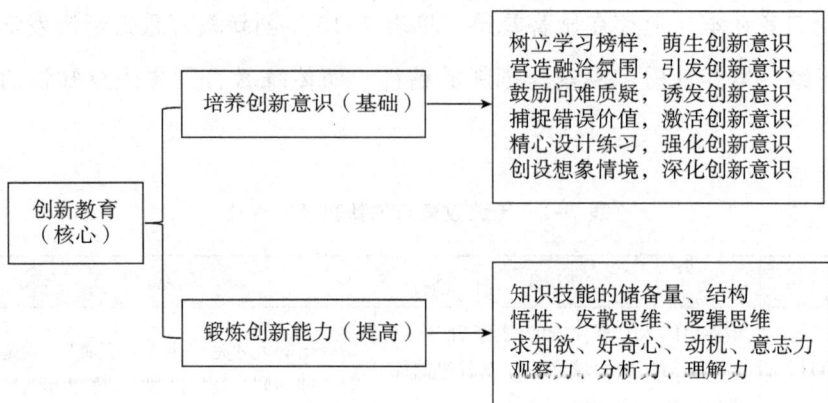

图 7-1　创新教育的核心构成

二、创新教育理念与数字化技术的融合路径

（一）构建数字化教学环境

1. 数字化教学环境的必要性与建设方向

在信息化、数字化的时代背景下，高等教育机构积极构建数字化教学环境显得至关重要。数字化教学环境不仅是教育现代化的必然趋势，还是提高教学质量、满足学生个性化学习需求的重要途径。为了实现这一目标，高等教育机构应着眼于创建高速度、大容量、高效率的校园网络。这样的网络环境能够确保学生在任何时间、任何地点都能顺畅地接入学习资源，为自主学习和协作学习提供强有力的支持。同时，推进多网融合的校园基础网络教学环境建设也是关键一环。通过将教学、管理、服务等各个领域的网络进行有机融合，可以脱离信息孤岛，实现数据共享和流程互通。这不仅提高了教学管理的效率，还为学生提供了更为便捷、高效的学习体验。此外，通过收集、整理和分析教学过程中的各种数据，教育机构可以更深入地了解学生的学习状况和需求，从而为教学改进提供科学依据。这种以数据驱动的教学模式，有助于实现教育的个性化和精准化。

2. 新兴技术在数字化教学环境中的应用与价值

随着科技的飞速发展，5G、人工智能、区块链、云计算、大数据等新兴技术日益成熟，它们在数字化教学环境中的应用也日益广泛。这些技术不仅为高等教育带来了前所未有的变革，还为创新教育理念的实施提供了强大的技术支持。5G技术的超高速度和超低延迟特性，使得在线教学变得更加流畅和高效。无论是实时视频授课、在线讨论还是远程实验，5G都能提供近乎实时的交互体验，极大地提高了在线教育的质量和效果。人工智能技术在数字化教学环境中也发挥着重要作用。智能推荐系统可以根据学生的学习历史和兴趣，为其推送个性化的学习资源；智能辅导系统则能实时解答学生的疑问，提供有针对性的学习建议。这些智能化的教学辅助手段，有效地提高了学生的学习效率和兴趣。区块链技术的去中心化、数据不可篡改等特点，为教育数据的安全性和可信度提供了有力保障。通过区块链技术，可以确保学生的学习成果和证书真实有效，防止学术造假和证书伪造。云计算和大数据技术则为教育机构提供了强大的数据处理和分析能力。通过云计算，教育机构可以轻松地存储和管理海量的教学数据；而大数据技术则能深入挖掘这些数据中的潜在价值，为教学改进和决策提供支持。

（二）实施个性化与灵活的学习计划

1. 创新教学理念下个性化学习计划

随着科技的进步，教育不再局限于固定的教室和刻板的课程安排，而是变得更加灵活、多元和个性化。数字化技术的运用，使得高等教育得以根据学生的独特需求和兴趣定制学习计划。在传统的教育模式下，学生往往被束缚在统一的教材和教学进度中，难以充分展现个人的学习特点和优势。然而，在数字化技术的助力下，这一局面得到了根本性的改变。通过智能教学平台，教育者可以对学生的学习数据进行分析，了解每个学生的学习习惯、兴趣爱好和能力水平，从而为学生量身定制个性化的学习计划。同时，数字化技术还为高等教育提供了更加丰富的教学资源和手段。借助多媒体、虚拟现实等先进技术，教育者可以创造出更加生动、直观的教学环境，激发学生的学习兴趣和积极性。学生可以通过在线视频、互动课件等方式进行自主学习，随时随地获取所需的知识和信息。这种灵活的学习方式不仅提高了学生的学习效率，还培养了学生的自主学习能力和终身学习的习惯。此外，数字化技术还促进了教育资源的共享和优化配置。通过在线教育平台，优质的教育资源可以跨越地域的限制，传播到更广泛的学生群体中。这有助于缩小教育差距，实现教育公平，还为高等教育的发展注入了新的活力。在数字化技术的推动下，高等教育正朝着更加个性化、灵活和高效的方向发展。这种变革不仅提升了学生的学习体验和效果，还为学生未来的创新和发展奠定了坚实的基础。

2. 创新教学理念下灵活性学习计划

数字化时代，灵活性学习计划不再是遥不可及的梦想，而是高等教育中触手可及的现实。在科技的翅膀卜，学习不再被时空所限，每个学生都能根据自身需求，绘制出属于自己的学习图谱。如今，智能教学系统、在线学习平台和移动学习应用等数字化工具，已经渗透到高等教育的每个角落。它们让学习资源的获取变得轻而易举，更让学习方式的创新成为可能。在传统的教育模式下，一旦学习计划确定，往往难以进行灵活调整。但如今，通过数据分析和反馈机制，学生可以实时了解自己的学习进度和效果，并根据实际情况对学习计划进行微调。这种动态的学习过程，使得学习不再是一个刻板的、单向的过程，而是一个充满探索和发现的旅程。同时，在数字化平台上，学生可以接触到来自不同学科、不同文化的知识和观点，从而拓宽视野、激发灵感。这种多元化的学习体验，有助于培养学生的综合素质和创新能力，为学生未来的职业发展和社会贡献打下坚实基础。

第二节　数字化技术在创新创业教育中的应用

一、创新创业教育概述

（一）创新创业教育的内涵

1. 创新创业教育的本质

从本质上探究，创新创业教育的核心在于培养全体学子的创造性思维与创造性人格，这是一种深层次的素质教育，为高等教育开辟了一条全新的就业教育路径。在现今的教育背景下，提倡将创新创业教育与就业教育相融合，这与我国当前的教育实际状况高度契合。鼓励大学生投身创新创业，不仅是为了响应国家转变经济发展方式、建设创新型国家和人力资源强国的战略需求，更是实现以创业促进就业、助力青年大学生充分就业的重要渠道。创新创业教育的蓬勃发展，实质上为职业教育注入了更为丰富的内涵。正因如此，高等教育在实施过程中应避免创新创业教育过于片面化，而应致力于提升全体学生的综合素质，为学生未来的可持续发展打下坚实的基础。面对不同类型的学生，创新创业教育应有针对性地进行。例如，对于学术型、应用型和技能型的学生，其创新性培养的侧重点应有所不同。但无论如何，各类型人才都需具备创新精神和创新能力。只是不同行业、不同岗位对创新人才的要求和培养重点存在差异。创新创业教育并非仅仅是为了培养创业者，更重要的是在学生的心中播下创新的种子，激发学生的创造激情，提高学生的创新思维和创新能力。创新创业教育是一种全新的教育理念，它强调的是知识的传授，更是能力的培养和精神的塑造。通过创新创业教育，学生能够获得创业的知识和技能，更能够培养出勇于尝试、敢于创新的精神，这种精神将伴随学生一生，成为学生不断追求卓越、实现自我价值的动力源泉。在这个日新月异的时代，创新已经成为推动社会进步的重要力量。因此，高等教育必须紧跟时代的步伐，将创新创业教育贯穿于整个教育过程中，努力培养出更多具有创新精神和实践能力的高素质人才，为国家的发展注入源源不断的活力。

2. 创新创业教育的具体内容和指向性

在教育现代化的时代背景下，创新创业教育显得越发重要，它并非孤立的环节，而是一项涉及多方面的系统工程。与素质教育所倡导的理念相吻合，创新创业教育同样强调个体的全面发展，而这正是以扎实的知识教育和专业教育为基石的。创新精神和创造力的培养，并非一蹴而就，而是需要通过多学科知识的交融与熏陶，才能在潜移默化中得以孕育和发展。创新创业教育的核心指向是人，更具体地说，是受教育者的全面发展。其关键在于塑造受教育者的创新精神，培育学生面对挫折的勇气和远见卓识，以及打造具有批判性的创造性思维和创新能力。这种教育的内涵指向性，决定了其必须是一个循序渐进的过程。它不仅仅关注创业实体的数量，或者创业项目的成败，更重要的是衡量大学生在接受创新创业教育后，是否在以创新能力为核心的综合素质上有所提升，是否在职业精神方面得到了深刻的培养。换言之，创新创业教育的最终评价标准，应该是高等教育所培养出的人才质量。这种质量不仅体现在学生的知识储备和专业能力上，更体现在学生的创新思维、创业精神和职业素养上。因此，创新创业教育不是一种急功近利的教育模式，而是一种深远影响人才成长和发展路径的教育理念。它要求教育者以长远的眼光，耐心地引导学生发现自找、挖掘潜能，最终成长为具有创新精神和实践能力的复合型人才，为社会的进步和发展贡献力量。

3. 创新创业教育的外生性

创新创业教育的外生性主要体现在其开放性和时代性上。作为一个开放的教育系统，它与区域经济社会发展、高等教育体系以及学生等多元利益相关主体之间存在着紧密的联系。这种联系使得创新创业教育是教育领域内部的事务，更是与外部环境相互作用、共同发展的结果。对于地方高等教育而言，建立多元模式的创新创业教育是至关重要的。由于不同地区的经济社会发展水平和需求存在差异，因此，地方高等教育应结合自身的特点和区域经济的实际需求，构建多元化、动态发展的创新创业教育模式。这种模式不仅要适应当前的经济社会发展趋势，还要具备前瞻性和灵活性，以便能够随着外部环境的变化而及时调整和优化。在这个过程中，地方高等教育需要积极寻求与产业界、企业等外部机构的合作，共同推进创新创业教育的实践与发展。通过合作，可以更有效地整合各方资源，提高创新创业教育的质量和效果，同时也能够为学生提供更多实践机会和就业渠道。

（二）创新创业教育的特点

1. 先进性

创新创业教育是 21 世纪崛起的新型教育观念，虽然其发展历史尚短，在全球范围内还未构筑起成熟完备的理论体系，实践模型也尚在探索之中，但其前瞻性视野和对未来社会的深刻洞察，已然使其成了教育领域的一颗璀璨新星。这一教育理念并非仅仅是对传统教育的简单补充，而是站在更高的维度，对未来社会提出了更为严格和全面的要求。它紧扣创新型国家建设的战略方针，与时代脉搏同频共振，展现出一种超前的、引领性的教育思想和方法。创新创业教育的先进性，不仅体现在它对教育内容的革新上，还在于它敢于挑战现状，勇于探索未知，致力于为未来社会培养出更多具备创新精神和实践能力的优秀人才。这种教育理念鼓励教育者和学习者都保持一种开放和进取的心态，共同迎接未来的挑战和机遇。

2. 实践性

创新创业教育的实践性是其核心理念之一，它强调通过实践活动来帮助学生深刻体验创新创业的全过程。在实践中，学生能够亲身感受到创业的艰辛与喜悦，了解到创业所需的知识、方法和可能面临的挑战。因此，创新创业教育必须摒弃传统的、机械化的教学方式，转而注重实践活动的组织和开展。为了达到这一目的，创新创业教育需要配备具有丰富实践经验的教师，这些教师能够引导学生将理论知识转化为实践操作，帮助学生在实践中不断摸索和成长。同时，学校也应该积极为学生提供多样化的实践机会，搭建起实践的平台，让学生能够在实际操作中锻炼自己的动手能力，并从实践中获取宝贵的创业知识。实践活动中，学生能够学到许多书本上无法获取的知识和经验。例如，为人处世的技巧、应对突发事件的能力等，这些都是创业过程中不可或缺的重要素质。只有通过实践，学生才能更好地与社会接轨，为未来的创业活动奠定坚实的基础，增加创业成功的概率。从更宏观的角度来看，实践活动是创新创业教育不可或缺的重要组成部分。它不仅能够帮助学生提升自身的能力和素养，还能够让学生更好地理解和适应社会的要求。在实践中，学生可以不断调整自己的认知和行为，逐步成长为符合社会需求的创新创业人才。因此，可以说，实践性是创新创业教育的灵魂，只有在实践中不断锤炼和成长，学生才能真正成为具备创新精神和实践能力的优秀人才。

3. 灵活性

创新创业教育的魅力还在于它的灵活性。这一教育理念并不拘泥于固定的教学模式，而是能够根据不同的时间、情境、地点以及教育对象，灵活地选择和应用各种教学方法。市场导向是其重要特征之一，它始终以提升学生的综合能力为核心目标，不断调整和优化教学手段。在实际教学中，成功的创业案例、实时的市场动态等都可以成为鲜活的教学素材，使得教育内容更加贴近实际，更具启发性和实践性。同时，教师也需根据不同教育环境和学生的个性化需求，精心挑选教学材料，确保每位学生都能在创新创业教育的熏陶下找到自己的定位和发展方向。这种灵活多变的教学方式，不仅有助于激发学生的学习兴趣和创造力，还能帮助学生在不断变化的社会环境中迅速适应和成长。教师在教学过程中应摒弃传统模式的束缚，勇于创新，采用既实用又富有趣味性的教学方法，让创新创业教育真正落到实处，开花结果。

（三）高等教育开展创新创业教育的意义

1. 有利于知识经济的发展和社会经济的转型

在当下这个日新月异的时代，知识经济的崛起正逐步改变着传统的经济格局。知识经济，顾名思义，是以知识和科技信息为主导的经济形态，它已逐渐取代传统的劳动力、资本、土地等生产要素，成为推动社会进步和经济发展的新动力。这一变革的核心，在于如何有效激发人们的创新潜能，使知识成为驱动经济增长的关键力量。知识的积累和提升，无疑是促进经济发展的重要基石。但更为关键的是，这种知识的提升必须建立在培养高素质创新型人才的基础之上。这类人才不仅具备深厚的专业知识，还拥有强烈的创新意识和实践能力，是全面发展的复合型人才。学生能够以独特的视角看待问题，提出创新的解决方案，从而推动科技和社会的进步。在推动知识经济发展的过程中，高等教育扮演着举足轻重的角色。作为国家创新体系的重要组成部分和科技知识传播的主要渠道，高等教育在知识的创造、传播、转化和应用等方面具有独特的优势。通过系统的专业教育和科研活动，高等教育不仅为学生提供了丰富的知识资源，还为学生搭建了实践创新的平台，为知识经济的蓬勃发展注入了源源不断的活力。面对新时代的教育要求，高等教育更应肩负起培养创新型人才的重任。这不仅仅是为了满足当前社会经济发展的需求，更是为了引领未来科技进步的方向。通过加强创新创业教育，高等教育能够帮助学生树立创新意识，提高实践能力，培养创业精神，从而更好地适应未来知识经济社会的挑战。

当前，我国正处于社会主义市场经济转型的关键时期。在这一特殊时期，改革旧有的经济制度和教育模式显得尤为重要。只有通过深化改革，才能激发市场活力和社会创造力，推动经济转型升级和高质量发展。而高等教育作为培养人才的摇篮，更应该积极响应这一时代号召，通过创新创业教育培养出更多符合市场需求的高素质人才。这些人才将成为推动经济社会全面协调可持续发展的中坚力量，为我国的经济转型提供有力的智力支持和人才保障。同时，学生的创新精神和实践能力也将成为引领和推动未来经济社会发展的新动力。因此，高等教育开展创新创业教育有助于实现转型时期经济的跨越式发展，更能满足市场经济转型发展期对多元化、创新型人才的需求。

2. 有利于学生个人成长与职业的发展

在学生的个人成长与职业发展过程中，全面素质的培养显得尤为重要。其中包括了思想品德、基础文化、技术和职业等方面的素质，更涵盖了创业素质这一关键要素。创业素质在学生成长的道路上，如同一盏明灯，指引着前行的方向，并提供着持续的动力。它是学生职业发展中的一个组成部分，更是一种深层次的、具有驱动力的核心素质。学生的个人成长与职业发展是一个充满动态与变化的过程。在这个过程中，学生自身的各种因素，如创新创业的知识、意识、品质和能力等，都起着举足轻重的作用。创新创业教育的出现，如同一场及时雨，滋润着学生的心田，激发学生的创造潜能，为学生的全面发展提供有力的支撑。创新创业教育的重要性体现在学生的个人成长上，更与学生的职业发展紧密相连。通过创新创业教育，学生能够更好地适应经济社会的快速发展，提升自己在国际市场竞争中的实力。这种教育有助于学生实现自身的职业发展目标，更能让学生在未来的职业生涯中担当大任，实现自身的社会价值。同时，培养创新精神和创业能力也是素质教育中不可或缺的一部分。创新与创业，两者相辅相成，共同构成了创新实践的完整画卷。在这个画卷中，我们可以看到高科技的创新创业活动如火如荼地展开，为社会的进步和发展贡献着力量。而创新教育的成果，也最终将通过培养的人才在未来的创业实践中得以体现。

　　创新教育与创业教育，两者看似不同，实则紧密相连。创新教育注重对人的素质发展的全面把握，而创业教育则更侧重于如何培养创造性的人才和实现人生的自我价值。这两者在内容上相通相融，教育理念也密不可分。它们之间既相互促进又相互制约，形成了一个辩证统一的有机整体。创新创业教育作为一个新的教育思潮，已经逐渐成为高等教育中不可或缺的一部分。它包括创业精神的培养和创业技能的训练与实践，更涵盖了创新精神和创新能力的培养等诸多方面。这一教育系统旨在将创新与创业紧密结合在一起，形成一个统一的整体，为学生的个人成长和职业发展提供全面的支持。而就目前的整体现状来看，高等教育中的大学生创新创业教育仍然存在一定的不足。因此，在未来的教育实践中，我们应该更加关注和重视学生的创新意识和创业精神的培养与提升。通过不断优化教育内容和方法，加强实践环节的训练和指导，努力培养出更多具有创新精神和实践能力的高素质人才，为社会的进步和发展贡献我们的力量。

二、数字化技术在创新创业教育中的运用

（一）构建数字化创新创业课程教育体系

1. 数字化技术在构建创新创业课程教育体系中的应用

　　高等教育通过引入数字技术，能够实现教学内容的实时更新和教学形式的多样化，从而推动线上与线下教学的有机结合。数字化技术的运用，使得高等教育能够灵活地将创新创业教育的相关知识和内容融入现有的教学课程体系中，让学生在掌握专业知识的同时，也能接触到前沿的创新创业理念和实践方法。通过数字化技术，高等教育可以便捷地获取和整合各种创新创业资源，包括市场动态、行业趋势、成功案例等，这些资源为学生提供了宝贵的学习材料和实践指导。此外，数字化技术还支持个性化学习路径的设计，让每个学生都能根据自身的兴趣和需求，选择适合自己的学习内容和学习进度。这种个性化的教学方式，有助于激发学生的学习兴趣和创新精神，培养

更多具备创新创业能力的优秀人才。

2. 数字化指导部门在创新创业课程教育体系中的作用

为了更有效地实施数字化创新创业课程教育体系，高等教育需要建立专门的创新创业数字化指导部门。这个部门将负责全面规划和推进学校的数字化创新创业教育工作，确保各项教学任务和活动的顺利开展。通过招聘具备专业数字化技能的人才，这个部门能够为学校提供强大的技术支持和创新思路。创新创业数字化指导部门的核心职责是设计具有前瞻性和实用性的创新创业课程。这些课程将结合数字技术的优势，注重实践性和互动性，旨在培养学生的创新思维和创业能力。同时，该部门还会安排丰富多样的学习任务和活动，如在线讲座、模拟创业、项目实践等，让学生在实践中学习和成长。除了课程设计和学习任务安排外，创新创业数字化指导部门还将与教师和学生紧密合作，共同开展数字创新创业活动。通过与教师的协作，部门可以及时了解教学需求和反馈，不断优化课程内容和教学方法。与学生的互动则有助于部门更好地了解学生的学习情况和需求，为学生提供更有针对性的指导和支持。

（二）建立数字化创新创业教育内容与形式

1. 数字化技术丰富创新创业教育内容

在数字化时代的浪潮中，创新创业教育正迎来前所未有的内容与形式创新。教育资源借助数字化技术，以文字、图像、音频和视频等多元化的形式展现，使得教育内容更加丰富多彩，满足了学生多样化的学习需求。文字作为最基础的教育资源形式，在数字化技术的加持下焕发出新的活力。传统的纸质教材被电子书籍所替代，不仅便于携带和存储，还能通过超链接、注释等功能，为学生提供更加深入和全面的知识解读。同时，图像和音频的加入，使得教育内容更加生动直观。高清的图片和逼真的音效，能够帮助学生更好地理解抽象的概念和复杂的原理，提升学习效果。视频作为一种综合性的教育资源形式，更是为创新创业教育注入了新的活力。通过视频教学，学生可以直观地观察到创新创业的实际操作和案例分析，增强学习的代入感和实践感。而且，在线教育平台上的课程涵盖了从基础理论到实践技能的各个方面，既有传统的创业管理、市场营销等课程，也有与数字化技术紧密结合的互联网创业、数据分析等新兴课程。这些课程不仅拓宽了学生的知识视野，还为学生提供了更多的创新创业思路和方向。数字化技术还为创新创业教育的跨学科融合提供了可能。在数字化平台上，不同学科的知识和资源得以汇聚和交流，为学生提供了更广阔的学习空间和创新空间。

2. 数字化技术重塑创新创业教育形式

在数字化技术的推动下，创新创业教育的教学形式不再局限于传统的课堂教学。通过在线教育平台，学生可以随时随地参与学习，打破了时间和空间的限制。这种灵活的学习方式使得学生能够根据自己的节奏和需求进行自主学习，提高了学习的效率和效果。同时，数字化技术还支持个性化教育，使得创新创业教育更加符合每个学生的特点和需求。通过智能教学系统，教育者可以对学生的学习数据进行分析和挖掘，了解学生的学习情况和兴趣偏好，从而为学生提供个性化的学习内容和建议。这种个性化的教学方式不仅能够激发学生的学习兴趣和积极性，还能够帮助学生更好地发挥自己的优势和潜力。此外，数字化技术还为创新创业教育的实践教学提供了更多的可能性。通过虚拟现实、模拟仿真等技术手段，学生可以模拟真实的创新创业环境和场景，进行实践操作和演练。这种实践教学方式不仅能够帮助学生更好地理解和掌握创新创业的知识和技能，还能够培养学生的实践能力和创新精神。

第三节　高等教育数字化创新的实践与挑战

一、高等教育数字化创新的实践探索

（一）教学模式的数字化创新

1. 数字化驱动下的高等教育教学模式变革

传统的教学模式，往往以教师为中心，注重知识的单向传授，而学生则处于被动接受的状态。而随着数字化技术的融入，这种局面正在被打破。数字化创新为高等教育教学模式带来了新的可能性，使得教学更加生动、灵活和个性化。通过引入多媒体教学、在线课程和虚拟实验室等数字化工具，教学内容得以丰富和拓展，教学方法也变得更加多样化。学生可以通过网络随时随地访问学习资源，进行自主学习和探究。同时，数字化技术还支持互动式学习，鼓励学生参与到教学过程中，与教师和其他学生进行交流和讨论。这种教学模式的变革，不仅提高了学生的学习兴趣和积极性，还培养了学生的创新思维和问题解决能力。此外，数字化创新还推动了高等教育的国际化进程。通过在线教育平台，学生可以跨越地域限制，接触到全球优质的教育资源，与来自不同文化背景的同学共同学习。这种国际化的学习环境，有助于培养学生的全球视野和跨文化交流能力。

2. 高等教育教学模式中的数字化实践与探索

在高等教育教学模式的数字化创新过程中，实践与探索是不可或缺的环节。许多高校和教育者已经开始积极尝试将数字化技术融入到日常教学中，以期高升教学质量和效率。一方面，通过构建在线教学平台，高等教育能够实现教学资源的共享和优化配置。学生可以在任何时间、任何地点通过网络进行学习，这极大地提高了学习的灵活性和便利程度。同时，教师也可以利用这些平台进行远程授课、布置作业和进行实时互动，从而打破传统课堂的时空限制。另一方面，数字化技术还为高等教育教学模式的创新提供了有力支持。例如，VR 技术和 AR 技术的引入，使得学生可以身临其境地体验各种实际场景，增强学习的沉浸感和实践性。此外，大数据分析技术也能够帮助教师更准确地了解学生的学习情况和需求，以便及时调整教学策略，提供个性化的教学服务。在实践中，高等教育和教育者还积极探索数字化教学与线下教学的有机结合。学生通过翻转课堂、混合式教学等模式，将线上学习与线下讨论、实践相结合，以期达到更好的教学效果。

（二）教育内容的数字化重构

1. 高等教育内容数字化的创新与拓展

传统的教育内容往往局限于纸质教材和课堂教学，而数字化技术为高等教育内容的创新提供了无限可能。通过多媒体、交互式等数字手段，高等教育内容得以以更加生动、直观的形式展现给学生，激发了学生的学习兴趣和积极性。数字化重构使得高等教育内容得以突破时空限制，实现全球化共享。在线教育平台的兴起，使得学生可以随时随地访问全球顶级高校的优质课程资源，拓宽了学习的视野和渠道。同时，数字化技术也使得跨学科、跨领域的知识融合成为可能，高等教育内容不再局限于某一学科或领域，而是实现了多元化、综合性的发展。此外，数字化重构还促进了高等教育内容的个性化与差异化。每个学生都拥有独特的学习需求和兴趣点，而数字化技术可以根据学生的个性化需求，提供定制化的学习内容和路径。通过智能推荐、学习分析等技术手段，高等教育内容可以更加精准地满足学生的学习需求，提高学习效果和满意度。

2. 高等教育内容数字化的深度融合与重构

在教育理念上，数字化深度融合与重构强调以学生为中心，注重培养学生的创新精神和实践能力。通过数字化技术的应用，高等教育内容可以更加关注学生的个性发展和实际需求，提供更加丰富多样的学习体验和实践机会。而在教学模式上，数字化深度融合与重构推动了高等教育从传统的讲授式教学向互动式、探究式教学的转变。借助数字化技术，教师可以设计更具挑战性和启发性的教学活动，引导学生主动探索、积极思考，培养学生的问题解决能力和批判性思维。并在课程内容上，数字化深度融合与重构促进了高等教育内容的更新与优化。通过引入最新的科研成果、行业动态和实际问题，高等教育内容可以更加贴近实际、紧跟时代步伐。同时，数字化技术也使得课程内容可以更加灵活地调整和优化，以适应不同学生的学习需求和兴趣点。深度融合与重构的过程虽然充满挑战，但也为高等教育带来了前所未有的发展机遇。通过数字化深度融合与重构，高等教育可以更加有效地利用数字化技术的优势，推动教育教学的创新与发展，培养出更多适应未来社会需求的高素质人才。

二、高等教育数字化创新的挑战

（一）高等教育教师角色的数字化转型

1. 高等教育教师在数字化转型中的新角色定位

传统的知识传授者身份已经无法满足当下教育的需求，教师必须重新定位自己在数字化教育环境中的角色。这一转型意味着教师需要从单纯的知识灌输者转变为学生学习过程的引导者和促进者。教师不再仅仅是站在讲台上传授知识的权威，而是要深入学生的学习过程中，利用数字技术设计和实施创新的教学策略。在数字化转型的背景下，高等教育教师需要不断学习和掌握新技术，如多媒体教学工具的使用、在线教学平台的运营等，以便更有效地与学生进行交流和互动。同时，学生还需要具备整合和利用全球教育资源的能力，为学生提供更加丰富、多元的学习材料和实践机会。此外，随着在线教育和远程教学的普及，高等教育教师还需要适应新的教学模式和节奏。教师需要利用数字技术来优化课程设计，提供个性化的学习路径和资源推荐，以满足不同学生的学习需求和兴趣。在这个过程中，教师需要具备更强的沟通能力和组织协调能力，以便与学生保持紧密的联系，及时解决学生在学习过程中遇到的问题和困惑。

2. 高等教育教师在数字化转型中的挑战与应对策略

技术的迅速更新要求教师不断学习新技术、新工具，这无疑增加了学生的学习负担。同时，将传统的教学内容和方法与数字技术相结合，创造出新颖、有效的教学模式，也是一项艰巨的任务。此外，保持与学生的有效沟通，了解学生的学习需求和困惑，提供及时的反馈和指导，也是教师在数字化转型中必须面对的挑战。对此，教师应该积极参加技术培训和学术交流活动，提升自身的技术水平和教学能力。通过不断学习和实践，教师可以更好地掌握数字技术在教学中的应用，从而创新教学方式和方法。而且，教师需要关注学生的反馈和需求，调整教学策略以满足学生的个性化学习要求。通过与学生的互动和交流，教师可以更好地了解学生的学习情况和问题所在，提供有针对性的指导和帮助。同时，高等教育机构也应该为教师提供必要的支持和资源。例如，建立完善的技术培训体系和教学资源库，帮助教师提高技术应用能力和教学质量。此外，机构还可以鼓励教师之间的合作与交流，共同探索数字化转型的最佳实践成果和经验分享。通过这些措施的实施，高等教育教师可以更好地应对数字化转型带来的挑战，实现自身角色的顺利转型和发展。

（二） 高等教育与数字化技术融合过程中的挑战

1. 高等教育与数字化技术融合过程中的技术挑战

随着科技的飞速发展，教育领域对数字化技术的依赖程度越来越高，但这也带来了诸多技术难题。一方面，数字化技术的更新换代速度极快，高等教育机构需要不断跟进新技术的发展，以适应教育的需求变化。而由于资金、人才等方面的限制，许多高等教育机构在技术的更新和升级上显得力不从心。另一方面，数字化技术的应用需要稳定的网络环境和高效的硬件设备支持，但现实中往往存在着网络不稳定、设备老化等问题，这严重影响了数字化技术在高等教育中的应用效果。而且，在数字化时代，大量的教育数据被收集、存储和处理，这些数据不仅包括学生的个人信息和学习成绩，还涉及教师的教学内容和研究成果。如何确保这些数据的安全性和隐私性，防止数据泄露和滥用，是高等教育机构必须面对的挑战。此外，虽然数字化技术为高等教育提供了更多的教学资源和手段，但如何确保这些资源和手段的有效利用，提高教育教学的质量和效果，是高等教育机构需要认真思考的问题。数字化技术只是一种工具，如何将其与教育教学的实际需求相结合，发挥其最大的价值，还需要高等教育机构在实践中不断探索和总结。

2. 高等教育与数字化技术融合过程中的文化与观念挑战

高等教育与数字化技术的融合，除了面临技术层面的挑战外，文化和观念层面的挑战同样不容忽视。一方面，传统的教育观念和教学方式已经深入人心，许多教育工作者和学生习惯于面对面的教学方式和纸质教材的使用，对于数字化技术的接受程度和应用能力有限。这种文化和观念的惯性使得高等教育与数字化技术的融合进程受到一定的阻碍。另一方面，数字化技术的引入也带来了教育模式的变革，这对于高等教育机构的教学管理和组织方式提出了新的要求。传统的以教师为中心的教学模式需要向以学生为中心的教学模式转变，这需要高等教育机构在教学理念、教学方法等方面进行相应的调整和创新，确保数字化技术与高等教育的融合发展。

参考文献

[1] 古琴. 教育技术：现代高等教育教学改革的突破口[M]. 北京：中国水利水电出版社，2019.

[2] 赵庆年，项聪. 高等学校本科教学改革成效研究[M]. 广州：华南理工大学出版社，2021.

[3] 袁潇. 高等职业教育考试招生制度改革的策略研究[M]. 北京：清华大学出版社，2020.

[4] 张应强. "双一流" 建设背景下中国高等教育改革与发展[M]. 武汉：华中科技大学出版社，2020.

[5] 吴占权. 新财经教育改革背景下的我国高等学校保险学专业发展改革研究[M]. 北京：中国农业出版社，2022.

[6] 陈虹，赵志强. 高等教育改革与建设[M]. 北京：文化发展出版社，2021.

[7] 马强. 延续与变迁：中国高等教育发展与改革探究[M]. 北京：中国水利水电出版社，2019.

[8] 陈园园. 改革开放以来中国高等教育发展研究[M]. 杭州：浙江大学出版社，2021.

[9] 杨德广. 高等教育改革的探索与反思[M]. 北京：人民教育出版社，2021.

[10] 张宗蓝，赵健. 高等教育中现代教育技术的应用研究与改革[M]. 北京：

中国书籍出版社，2022.

[11] 闫二涛. 中国高等体育教育改革之路：以 14 所体育院校为例[M]. 北京：知识产权出版社，2019.

[12] 钟蔚梁. 新时期高等教育学的构建与改革探究[M]. 北京：中国原子能出版社，2020.

[13] 赵渊. 高等职业教育混合所有制改革的理论与实践[M]. 北京：中国社会科学出版社，2020.

[14] 张艳超. 生态视角下我国高等学历继续教育可持续发展研究[M]. 武汉：武汉大学出版社，2021.

[15] 周建松，陈正江. 中国特色高等职业教育发展道路探索与研究[M]. 杭州：浙江工商大学出版社，2020.

[16] 吴爱萍. 高等教育的发展与管理实践[M]. 长春：吉林出版集团股份有限公司，2021.

[17] 赵璐. 我国区域经济发展与高等教育的互动关系研究[M]. 北京：中国商务出版社，2022.

[18] 郑莹. 高等教育学科与人才培养模式发展研究[M]. 北京：北京工业大学出版社，2020.

[19] 高飞，金晓萌. 高校人文素质教育改革发展与探究[M]. 长春：吉林出版集团股份有限公司，2022.

[20] 赵强. 高校创新创业教育探索与实践研究[M]. 北京：中国商务出版社，2023.

[21] 姚亮. 高校大学生职业价值与创新创业教育研究[M]. 北京：中国书籍出版社，2023.

[22] 李继. 大学生创新创业教育与实践研究[M]. 北京：北京工业大学出版社，2023.

[23] 郭立群. 高校创新创业教育促进高质量就业的理论与实践探索[M]. 北京：中国农业大学出版社，2022.

[24] 彭贞蓉，彭翔. 创新创业教育基础与实战技巧[M]. 重庆：重庆大学出

版社，2022.

［25］李伟凤，徐绘. 大学生创新创业教育的发展模式与改革创新研究［M］.
北京：北京工业大学出版社，2022.

［26］陈思宇. 高校创新创业教育生态系统的构建［M］. 长春：吉林大学出版
社，2022.

［27］张翌，程国秀，陈明月. 新时代大学生创新创业教育工作研究［M］. 北
京：现代出版社，2022.